アメリカの大学における ソ連研究の編制過程

藤岡真樹 著
Fujioka Masaki

法律文化社

まえがき

　筆者が本書の土台となる博士論文をなんとか書き終え、提出したのは2015年5月のことであったが、翌月以降、日本の大学を取り巻く危機的状況を強烈に印象づける出来事、それに対する大学人の抗議の声および議論が急激に顕在化してきた。

　2015年6月以降、現在の大学が置かれている危機について認識・分析し、抗議し、抵抗せんとする大学人のシンポジウム開催などを伝えるメーリングリストが、筆者のもとに、多く送られてくるようになった。まず届いたのは、政府が2013年12月に打ち出した「軍学共同」（大学・研究機関における軍事研究）路線に対する反対シンポジウム開催の報せであった。防衛省は2004年から2013年にかけて、国内の10を超える大学と研究協力を結ぶようになっていたが、筆者に届けられたメールには、シンポジウムの案内にあわせて、軍学共同に反対する署名活動がインターネット上で行われていることと、それへの協力要請も添えられていた。しかし、実のところ、事態はさらに進展していた。防衛省は2015年度から「安全保障技術研究推進制度」を設け、防衛装備品に応用可能な基礎研究を大学や独立行政法人、企業などに委託し、最大で年3000万円を拠出する事業を開始した。最終的に2015年度には、109件の応募が防衛省に寄せられ、審査の結果、9件の研究が採択され、総額3億円が配分された[2]。

　ここで大学人が問題視したのは、応募した109件中58件が、そして採択された9件中4件が大学からの申請だったことである[3]。2015年6月初旬に開催された上記シンポジウムは、太平洋戦争に兵器開発に関わった反省から軍事研究と距離をとってきた大学が180度方向転換し、軍学共同を加速させている現状の報告および議論を目的とするものであったが、水面下では軍学共同に危機感を覚える大学人の予想をはるかに超える事態が進行していたのである。もう1つ、挙げておきたいのは、「学問の自由を考える会」の緊急シンポジウムの開催である。事の発端となったのは、2015年6月16日、当時の文部科学大臣が国立大学の学長らを集めた会議で、大学の入学式および卒業式で国旗掲揚と国歌

斉唱を実施するよう「要請」したことである。大学と政府との関係の根本的な転換になりえるとの危機感を抱いた学問の自由を考える会は7月にシンポジウムの開催を急遽決定したのである。

　遠方での開催だったこともあり、両シンポジウムとも参加は叶わなかったものの、軍学共同に反対する大学人の意見発信についてはインターネット上で、また学問の自由を考える会の緊急シンポジウムについては、登壇したパネリストの論考を収録した『現代思想』11月号（特集「大学の終焉―人文学の消滅」）や2016年2月に、シンポジウムの記録として緊急出版された『学問の自由と大学の危機』（岩波ブックレット）を通じて議論に接した。そして、現在日本の大学で進行している軍学共同および国家の大学への介入とも言うべき事態に、大学人が相当な危機感を抱いていることをひしひしと感じた。

　もっとも、筆者の脳裏には、また別の不安がよぎっていた。大学を取り巻く現実の事態が進行していることだけが問題ではない。この事態に危機感を抱く大学人の思想および主張の基調は、大学および「学問の自由」への政治ないし国家の介入に対する忌避感および毅然とした対決姿勢であることは言うまでもない。こうした主張は、筆者の博士論文で歴史分析の対象とした第二次世界大戦期から1950年代後半までのアメリカ合衆国（以下、アメリカ）の大学をめぐって同時代人および後世の研究者が発してきた国家権力の大学への関与を批判する主張と通じる面がある。しかし、こうした主張や議論がアメリカの大学の状況を好転させてきたかについては、やや疑問に感じざるをえない。**序章**で詳述するが、アメリカの学界にはこうした大学の自律性や学問の自由を聖域のごとく捉える研究とは別の研究潮流が存在する。アメリカの大学が第二次大戦から冷戦にかけて連邦政府や軍部、財団等との関係を深めていくその主たる原動力を大学人に求める研究群がそれである。博士論文で筆者は、こうした別の研究潮流も包含しつつ、アメリカの大学が学知を形成する歴史的軌跡を跡づけることに注力した。しかし、こうした筆者の研究姿勢は、現在の日本の大学で進行しつつある危機的状況、すなわち国家や政治による大学への介入または関係構築を、その一部を大学人自身が推進する立場にあったことを論じることで、日本で進行中の国家や政治の大学への侵入を免罪するものと映るのではないか、との懸念を強く感じるようになった。これらは徐々に筆者の心理的負担となっ

ていった。そして博士論文を書籍にすべきかを悩み始めたのである。

　大学と国家との関係の問い直しを迫る出来事が発生するなかで、それでも、アメリカ史研究における大学史研究の書物として本書を世に問う決意をしたのは、研究を出さぬことによって、かえって引き起こされる問題があると考えたからである。大学には独自の機能があり、ゆえに国家や社会とは別の領域に置くべきたる近年の主張は、それ自体の正当性には疑いを差しはさむ余地はないものの、筆者の研究を世に出さないことはアメリカ史研究そして歴史研究において、大学という存在を等閑に付すことにも同時につながると考えたからである。**序章**でも述べるが、アメリカの学界では、ヨーロッパと比べて、大学に特殊的な価値を与える傾向があり、これを歴史学の分析対象としてこなかった。そのことは、とくに20世紀後半のアメリカにおける大学の役割を原理的な次元において問うことができないという弊害を生じさせている。

　かつて大学史家のR・D・アンダーソンは『近代ヨーロッパ大学史』において「大学はいつも［中略］大学の顧客や大学が所与の社会で果たす機能とか市場や社会的需要によって規定されてきた」と指摘したが[6]、大学とナショナリズムとの結びつきや関係強化が19世紀以降のアメリカと西洋世界の歴史的基調であったことを想起するとき、アメリカ史の立場から大学を対象とする研究は、大学と国家・政治との関係の考察を不可避のものとするであろう。また、イマニュエル・ウォーラーステインの次の大学観も傾聴に値する。大学とは政治的存在であり、また社会的存在であり、ゆえに「いかなる大学も象牙の塔ではなかったし、またありえなかった。大学はむしろ、常に［人類普遍の真理の探究を目指す大学人と社会への奉仕を求める諸権力との間の］衝突の場であった。［中略］大学の仕事は、平和ではなくて戦い――知的な戦いおよびあれこれの形での社会的な戦い――なのである」というウォーラーステインの指摘を念頭に置くならば[7]、大学と国家・政治との結びつきそのものを心情的に嫌悪するだけでは、現在日本の大学問題に対する処方箋を提供するには至らないと考えられる。むしろ、大学と国家の双方向的な影響関係や大学内部における大学人同士の葛藤や対立を歴史的に位置づけることによって、現代日本の大学を取り巻く諸問題の解決方策を探る糸口がつかめるものと信じる。このような認識に立ち、本書の考察を始めていく。

1) 東京新聞 TOKYO WEB（望月衣塑子）「防衛省と研究協力が急増―『軍学共同』15年度23件」http://www.tokyo-np.co.jp/article/national/list/201605/CK2016051602000122.html、2016年12月27日最終接続。
2) 朝日新聞 DIGITAL（安倍龍太郎）「軍事と大学、縮まる距離―防衛省公募の技術に応募多数」http://www.asahi.com/articles/ASJ6B51JPJ6BUTFK008.html、2016年12月27日最終接続。
3) 橋本伸也「大学とはなにか―近代ヨーロッパ大学史からの応答？」『現代思想（特集：大学の終焉―人文学の消滅）』11月号（vol. 43-17）、青土社、2015年、223頁。
4) 広田照幸・石川健治・橋本伸也・山口二郎『学問の自由と大学の危機（岩波ブックレット No. 938）』岩波書店、2016年。
5) 「学知」は聞きなれない用語であり、現時点では明確な日本語としての意味・定義は存在しないが、本書では学者や知識人個人ではなく、組織において計画的に生産された知を指す用語として使用する。
6) R. D. アンダーソン（安原義仁監訳）『近代ヨーロッパ大学史―啓蒙期から1914年まで』昭和堂、2010年。
7) ウォラースティーン（公文俊平訳）『大学闘争の戦略と戦術』日本評論社、1969年、5頁。著者の Immanuel Wallerstein は、現在ではイマニュエル・ウォーラーステインとの表記が一般的であるが、本書の注においては翻訳時の表記をそのまま用いることにする。

目　次

まえがき
凡　例

序　章　大学と学知から見る冷戦初期アメリカ……………1
第1節　アメリカ史における大学と学知………………………1
第2節　先行研究…………………………………………………7

第1章　第二次世界大戦期の戦時機関におけるソ連研究の形成と変容……17
第1節　先行研究と問題の所在…………………………………17
第2節　東欧研究部門と「中立的」・「客観的」研究…………18
第3節　ソ連研究部門の誕生……………………………………23
第4節　ソ連研究の変容…………………………………………28
小　括　第二次大戦から冷戦へ………………………………32

第2章　冷戦初期の大学におけるソ連研究の「再編」……37
第1節　先行研究の検討と問題設定……………………………37
第2節　戦略情報局ソ連研究部門の終焉………………………39
第3節　ソ連研究の「軟着陸」――コロンビア大学ロシア研究所……42
第4節　「新たな」ソ連研究とその蹉跌
　　　　――ハーヴァード大学ロシア研究センター……………47
第5節　トロイ計画とハーヴァード大学ロシア研究センターの「再編」……51
小　括　「再編」の位相…………………………………………59

第3章 冷戦初期におけるソ連研究の「停滞」————————65
　　　——ハーヴァード大学難民聞き取り計画

　第1節　先行研究の検討と問題設定……………………………65
　第2節　難民調査研究出現の文脈…………………………………69
　第3節　ハーヴァード大学と空軍の関係構築……………………78
　第4節　迷走するRIP………………………………………………81
　第5節　RIPの中止、「停滞」と人的ネットワーク………………88
　小　括………………………………………………………………96

第4章　冷戦の展開とソ連研究の途絶————————————103
　　　——マサチューセッツ工科大学国際問題研究センター

　第1節　先行研究の検討と問題設定………………………………103
　第2節　人文・社会科学部の設置構想……………………………105
　第3節　MITにおけるソ連研究の開始……………………………113
　第4節　近代化論の影とソ連研究の途絶…………………………121
　小　括………………………………………………………………129

終　章　ソ連研究の「遺産」と1950年代後半以降のアメリカ—137

　第1節　ソ連研究の衰退と機関連環の限界………………………137
　第2節　ソ連研究の凋落と再出発…………………………………145

あとがき
参考文献一覧
事項索引
人名索引

凡　　例

1．　引用に際しては「　」を用いる。引用文中に「　」、あるいは" "がある場合には、『　』で示す。また、引用文中の［　］内および傍点部は引用者による補足である。

2．　英語文献からの引用に際しては、翻訳がある場合はそれを参照しているが、原文を確認して訳し直している。ただし、原著が入手できなかったものに関しては、この限りではない。

3．　人物名については、初出時に（　）を付し、そのなかに英語表記を記す。ただし、二次文献の著者名については、カタカナ表記に留める。

序章　大学と学知から見る冷戦初期アメリカ

第1節　アメリカ史における大学と学知

（1）　第二次世界大戦後から1950年代のアメリカ

　アメリカの大学にとって、第二次世界大戦の終結（1945年）から1950年代は、受難の時代であったと言ってよい。なぜなら、直接の戦火こそ交えることはなかったものの、ソ連との政治的・イデオロギー的対立である冷戦が深刻の度合いを増すにつれ、アメリカ国内には強烈な反共主義や、それを利用した政治家の名をとったマッカーシズムと呼ばれる政治や思想に対する抑圧的な機運が蔓延したからである。

　第二次大戦期には大同盟を組み、ドイツ、日本、イタリアなどの枢軸国との戦闘を繰り広げていたアメリカとソ連は、大戦終結を待たずしてその関係を悪化させはじめる。要因はさまざまであったが、アメリカがヨーロッパでナチス・ドイツから解放した地域に共産主義国家を樹立するソ連を敵視したこと、また、ソ連が、1945年8月に広島と長崎に投下した原子爆弾について、アメリカが情報管理および国際管理に後ろ向きであったことに対して猜疑心を醸成したことが冷戦開始の要因であった。[1]

　冷戦の影響はアメリカ国内にただちに及んだ。全米の大小さまざまな大学では、「アカ」と目された研究者が追放される事件が頻発し、大学によっては連邦捜査局（Federal Bureau of Investigation：以下、FBI）との内通者を多数配置したり、教員の思想・信条を監視するシステムを構築するものも現れた。[2]早くも1946年にはワシントン州やカリフォルニア州で、忠誠審査を拒否した州立大学の教員を辞職に追いこみ始めた。[3]それ以降、1950年代のマッカーシズムの昂進によっ

I

表序-1　アメリカにおける大学在籍学生数の推移（1899〜1985年）

出所：江原武一『現代アメリカの大学―ポスト大衆化をめざして』玉川大学出版部、1994年、37頁より筆者作成。

て、多くの大学教員が、研究ポストはおろかアメリカ社会での居場所さえ奪われるという悲劇的事件が発生した。

　他方、第二次大戦後のアメリカは、経済的繁栄を謳歌し、旺盛な消費ブームが席巻した時代でもあった。アメリカでは、軍事体制から平時体制への移行に伴う経済的混乱、わけても大量の復員兵の帰還に伴う混乱が大戦末期から危惧され、法的な対策も講じられていたが（第4章参照）、一時的なインフレは発生したものの、工業および経済の成長および国際競争力の増強が見られた。経済学者ジョン・K・ガルブレイスが「ゆたかな社会」と呼んだこの戦後の十数年間、アメリカでは経済が空前の好況に突入するとともに失業率の回復も進み、車や住宅の購入に代表される消費ブームが訪れた。[4]

　「ゆたかな社会」のイメージに影響を受け、アメリカ教育史は上記の大学の「受難」とは異なる大学史像をわれわれに提供している。アメリカ教育史家の多くは、第二次大戦終結から1970年代までの大学を「黄金時代」(The Golden Age)と呼ぶ。これは、1950年代後半から大学への進学者数が爆発的に増加したこと（表序-1）、ソ連によるスプートニク打ち上げに危機感を抱いた連邦政府が1958年に国防教育法を制定し、科学研究、とくに宇宙開発に関わる研究に多額の資金を供給しはじめたこと（表序-2）、それによって大学の財政状況が急激に改善されたことを肯定的に捉える歴史観と言える。[5]

　1950年代後半以降の学生数の増加および連邦政府資金の投入による「黄金時代」の影に隠れがちであるが、第二次大戦終結直後の1940年代後半の大学

は、新たな学問分野の開拓および創出という面において、新たな段階に突入しつつあった。人文・社会科学の分野では、この時代に地域研究（Area Studies）や近代化論（Modernization Theory）などのこれまでにはなかった学知の形成が見られた。

本書は第二次世界大戦期から1950年代までのアメリカの大学における学知の編制過程について、その起源や編制過程に見られた大学内外からの影響、そこで形成さ

表序-2　研究開発費の推移

1930年	$	135
1940年		310
1953年		515
1963年		2,485
1973年		4,510

出所：Clark Kerr, *The Uses of the University* (Cambridge: Harvard University Press, 1963, reprint, Cambridge: Harvard University Press), 2003, 142 より筆者作成。

れた学知の実態を明らかにしようとするものである。本書ではアメリカの大学のなかでも、東部の主要大学であるコロンビア大学（ニューヨーク州）、ハーヴァード大学（マサチューセッツ州）およびマサチューセッツ工科大学（同、Massachusetts Institute of Technology：以下、MIT）を取り上げる。冷戦に伴う政治や社会による大学への抑圧的な面、および大学人がかかる状況のなかで、いかにして新たな学問分野を切り開いていったのかという学問興隆の面の両面に目を配りつつ、上記3大学におけるソ連研究の編制過程を跡づけることが目的である。ソ連研究は、第二次大戦期に産声を上げ、1950年代を通じてアメリカの大学で大きく発展した地域研究の一分野である。

本書が対象とする上記の領域は、アメリカ教育史における「黄金時代」史観の盲点であったばかりではない。1960年代になると、大学における科学研究と、軍需産業や連邦政府そして軍部との間の資金援助を通じた関係構築は、「軍産複合体」（Military-Industrial Complex）と呼ばれ、同時代人から批判に曝されることになるが、大学で生産される知と連邦政府や軍部との結びつきは、自然科学や工学の分野にのみ顕著に見られたものでもなければ、1950年代後半以降に特殊な歴史的事象でもない。「1940年代後半から1950年代後半」までの「大学における人文科学・社会科学研究」が「連邦政府や軍部あるいは財団」の支援のもと、ときに「反共主義や赤狩り」といった「冷戦」を背景にした政治的・思想的・社会的抑圧の影響を受けつつ、いかに形成され、いかなる変容を遂げたのか。本書がこれから対象とせんとし、そして論点ともなるであろうこ

れらの諸点は、これまでのアメリカ史研究においてはブラック・ボックスとなってきた。

（2）　アメリカ史研究における大学──周縁から中心へ

　20世紀のアメリカは豊富な経済力と強大な軍事力を背景に、世界的な覇権を確立し、政治面、経済面、軍事面、さらには文化面において、世界各地に自国の影響力を拡大させていく。そのアメリカと世界の姿は「アメリカの世紀」（American Century）と呼びならわされる。これは、1941年２月にヘンリー・ルース（Henry Luce）が雑誌『ライフ』誌に寄せた論説で用いたことから人口に膾炙した用語である。曰く、世界における支配的な国家となったアメリカでは、健康で活力ある生活を送りたいという人びとの希望が実現されている。そして、その希望がアメリカの人びとに限らず世界の人びとに共通する根源的なものであることに鑑みるとき、アメリカは世界に範たる国家として、その社会制度や文化を広げていかなければならない。そのためには、20世紀はアメリカの世紀たるべき、と彼は言う[6]。その言に従うならば、20世紀は「ユニヴァーシティ（大学）の世紀」であったと言える。アメリカの大学の淵源であるカレッジは、アメリカが成立する以前から存在していた。イギリス国王からの特許状を手にジョン・ウィンスロップ（John Winthlop）が現在のマサチューセッツ州セイラムに到着したのが1630年のことであるが、その６年後には、現在のハーヴァード大学の源流であるハーヴァード・カレッジが早くも設立されている。その後も北アメリカ大陸のイギリス植民地でのカレッジの建設は続き、北米植民地が宗主国イギリスからの独立を目指して戦争（1775～1783年）に突入していく前に、すでに15のカレッジが設置されていた[7]。

　もっとも植民地時代のカレッジは、現在の大学とは著しく特質を異にする存在であった。当時のカレッジは、植民地社会を宗教面から支える人材、すなわち聖職者の育成を第一義的な目的としていた。そこでは、学生にラテン語を暗唱される教育にもっとも力が注がれた（**図序-1**）。聖書を正しく読解し、人びとへの説教を通じて、キリスト教を核とした社会構築の一端を担うことが期待されたのである。カレッジは、ジェントルマンの子息にラテン語やギリシャ語、ヘブライ語の知識およびホメロスの叙事詩といったヨーロッパの文化的素

養を身につけさせる教育機関であった。ゆえに、1820年代後半以降、産業革命の進展に伴って登場した土木工学といった実学科目は、カレッジに取り入れられたとしても、周縁化される傾向があった。19世紀の後半まで、カレッジはリベラル・アーツ7科（文法・論理・説得術(レトリック)・算術・幾何・天文学・音楽理論）の素養を学生に教え込む「神学校」であり続けたのであった。

図序-1　1820年頃の暗唱の授業風景

出所：中山茂『大学とアメリカ社会—日本人の視点から』朝日新聞社、1994年、18頁。

それは言わば社会から隔絶された存在でもあった。そして、そうしたカレッジの様態が、アメリカの政治史・経済史・社会史研究者をして、大学史研究への関心・興味を減じさせてきたものと見られる。そのことを端的に示すのが、アメリカの植民地時代・建国期の政治史・経済史研究の泰斗バーナード・ベイリンが1960年に出版した書物である。

1950年代の後半、初期アメリカ歴史・文化研究所から、教育史の分野において「現存する文献を体系的に調査し、分野ごとに［中略］重要な文献の推薦リストを作る」ことを依頼されたベイリンは、教育史の膨大な研究群を渉猟し、1960年に『アメリカ社会の形成における教育』を上梓した。しかし、同書は、クライアントである初期アメリカ歴史・文化研究所の期待に沿うものではなかった。むしろ、ベイリンは「植民地時代に起源を持つカレッジの近代の歴史は、豊富で詳細［中略］であるにもかかわらず、18世紀の大学は、これまで歴史家に無視されてきた」と指摘したのであった。

しかし、19世紀になると古典語による学生への教育に重点を置いていたカレッジの特質が大きく変化する。その契機となったのが、ジョンズ・ホプキンズ大学（1878年開学）およびシカゴ大学（1890年開学）という「研究志向大学」

の登場である。両大学では大学院が開設され、政治学や経済学、社会学などのカリキュラムの充実が図られることになった。ここで活躍したのは、ドイツに留学し博士号を取得した教員であったが、彼らは自身の実用的・合理的知性を基盤に、学生に対し厳しい学術的な訓練を施し、研究者を輩出していった。そうした取り組みを通じて、19世紀の半ば頃まで主流であったカレッジ出の教養人タイプのエリートに代わり、大学からは複雑に専門分化された官僚化社会に即応するテクノクラート（専門職エリート）が多数輩出されるようになった。[10] 大学の教員も19世紀末からアメリカの知識人階級に広がった革新主義の影響下で都市の貧困問題等の社会調査に乗り出し、社会工学的な発想で、この時代のアメリカの、とくに都市問題を学問的に解決しようと試みたのである。[11] この大学のあり方と、ルースの「アメリカの世紀」の議論を重ねるならば、アメリカの知の生産拠点である大学は、20世紀には生産した知を人びとの生活や社会の水準向上のために、世界へと広める使命を帯びてきたのであり、その意味で、20世紀はユニヴァーシティーの時代と言うことができよう。

　歴史家のオリヴィエ・ザンズは1998年に著した『なぜアメリカの世紀だったか』（以下、『アメリカの世紀』）において、20世紀のアメリカが「アメリカの世紀」を実現しえたその基盤に大学を中核とした学知の生産体制の整備という要因を見出している。彼は、19世紀の後半以降のアメリカにおいて、国家のあらゆる力、とくに学知の力を動員し、強力な国民国家を作り上げるために、大学、連邦政府（の研究所）、企業の研究所、財団、軍部等からなる「機関連環」（Institutional Matrix）が形成された、と指摘する。機関連環の形成過程で大学は研究機関としての体制を整備しはじめた。連環の内部では知的人材の移動が極めて流動的であったため、専門知の実用知への転換が容易であった。19世紀末には主に自然科学が産業に応用されていたが、20世紀初頭には社会学や経済学の領域で生産された学知が連邦政府や州政府の施策に反映されるようになる。アメリカでは、機関連環内の知の生産と活用は時代を下るにつれ、活発になっていった。[12] 具体的に言えば、機関連環内の法律、経済、統計、労務管理、社会心理といった学知により、企業の合理的組織編制や、国民経済・消費動向の統計的調査およびモデル化、その他国民経済全体の計画的な改造が劇的に進展し、連邦政府が経済政策を実施するための基盤が用意された。そのうえで、連

邦政府は、かかる学知を用いて国民総生産の拡大に乗り出す。そうして、いわゆる「中産階級」の市民が、十分な消費と物質経済を享受できるような経済体制を構築する。こうした学知の運用のされ方をザンズが重視するのは、豊かな消費生活を送ることが中産階級と市場、そして市場を支える国家とが「社会契約」として国民に保障した、アメリカ国民としての権利と関係がある。ザンズは、この消費活動によってアメリカ社会に連帯感と結合感が生まれ、アメリカのナショナリズムの昂進に繋がったとしている[13]。また、彼は、この機関連環の誕生と存在こそが、20世紀には大学と政府などとの関係が希薄になったヨーロッパとは異なり、20世紀の、とくに後半に「アメリカの世紀」というイデオロギーを世界に広める基盤となったと説くのである[14]。

第2節　先行研究

(1)　2つの研究潮流

　ザンズの『アメリカの世紀』は、大学をアメリカ史における要素として取り上げたこと、わけても、機関連環というモデルを用いることで、大学とナショナリズムの関係性を示唆した点が画期的であった。また、機関連環が機関間の人的流動性の高さを基盤に、さまざまな機関を取り込んでいくとの指摘も重要である。ゆえに、当初は対立的な関係にある機関同士も、人材の移動によって連環に組み込まれ、対立構図も次第に収束していくさまがおそらくは想定されているのであろう。ザンズの機関連環は、大学とそれを取り巻く国家や財団との流動的で複雑な関係性を解き明かすのに極めて有効な視点である。しかし議論の射程が1870年代後半から第二次大戦直後までであるため、本書が関心を寄せる時代のアメリカの大学については、『アメリカの世紀』とはまた別の種類の先行研究に目を向ける必要がある。

　冷戦期のアメリカの大学についての史的研究は、学知の研究に精力的に取り組んでいる冷戦史家デーヴィッド・エンガマンの分類に従うならば次の2つの研究群に分けることができる。1990年代まで活発であった第1の研究群は、冷戦期のアメリカの大学が連邦政府や社会が持つ権力の支配下に置かれてお

り、研究活動におけるイニシアティブを失っていたことを批判的に解するものであった。その最初期である1968年に出版されたジェイムズ・リッジウェイの『閉ざされた協同関係―危機のなかのアメリカ大学』は、大学の研究者が国家に「買収」されていることを論難したものであった。同書の刊行が1968年ということからも想起できるように、この時代に端を発する大学関連の書物は、大学をヴェトナム戦争に知の側面から加担した一種の加害者と捉え、それを告発することに主眼を置いていた。もっとも、この時代にも、アメリカの冷戦政策を正当化する論拠を提供し、連邦政府との「癒着」が問題視されていた行動科学を題材に、「今日学ぶべきことは、明日を批判すること」ではなく、必要とされるのは「予断を持つことなく、〔中略〕生産的な研究を実行するための重要な出発点を見極めることである」と指摘したジーン・ライオンズのような冷静な議論はあった[16]。しかし、この時代は史料的な制約が原因で歴史的事実の把握と分析が困難であり、それらを欠いた批判のための批判を主眼とする研究が目立ったのも事実であった。ところが、1980年代後半以降になると、赤狩りやマッカーシズムによって「アカ」と目された研究者が大学から排除されていく過程を一次史料に基づいて論じる、実証的で重厚な研究の登場を見た。エレン・シュレッカーの『象牙の塔などない―マッカーシズムと大学』(1986年)やジグムンド・ダイアモンドの『妥協したキャンパス―大学と情報機関、1945〜1955年』(1992年)がその代表格と言える[17]。また、冷戦下の連邦政府による心理戦政策によって誕生したコミュニケーション研究の形成過程を跡づけたクリストファー・シンプソンの『強制された科学―コミュニケーション研究と心理戦、1945〜1960年』(1994年)、さらに1990年代後半に入ると、冷戦による大学への「抑圧の歴史」を強調する論考から構成されたノーム・チョムスキーをはじめ総勢9名の研究者の論考から成る『冷戦と大学―戦後の時期の思想史に向けて』(1997年)や、「冷戦がなければ、情報技術などの分野が発展することはなかっただろう」との表現を用いて、逆説的な形で国家による大学への資金拠出を批判的に論じたシンプソン編『大学と帝国―冷戦期の社会科学における資金と政治』(1998年)など一次史料に依拠し、歴史的事実を跡づけながら、冷戦期の大学批判を展開する研究が刊行された[18]。

これに対し、1990年代後半以降の研究に顕著となったもう1つの研究潮流が

ある。それは、大学人の主体性を批判的に再検討するものである。この第2の研究群の大部分は、冷戦期の大学人が新しい学問領域の開拓やそれに必要な資金の獲得に邁進していく過程で、アメリカの国策や学術世界における冷戦秩序の形成に関与することになったとして、大学人にその責任の一端を課す主張である。たとえば、行動科学の形成過程をトーマス・クーンのパラダイム論に依拠しつつ論じたロン・ロビンの『冷戦の敵を創出する──軍産複合体における文化と政治』(2000年) や、マーク・ソロヴェイとハミルトン・クラヴェンス編の『冷戦社会科学』(2012年) などの研究がある。[19] この第2の研究群は、第1の研究群に抵抗する形で登場している点に注意を払いたい。エンガマンの次の指摘は、このことをよく示すものである。第1の研究群は、「1940年代後半から1950年代の初頭にかけての反共主義の運動が大学の神聖さと知的安定を損なう政治的介入であった」ことに立腹してなされた研究である。しかし、大学とは知的真理を追究する純粋な場であるという見方はあまりに理想化された像であり、そうした大学観は時代錯誤でナンセンスである。ゆえに、今後は大学人や大学組織のしたたかさや狡猾さに目を向ける第2の研究群が推進されるべきである、と。[20] こうした主張に呼応してか、近年のアメリカの学界における大学や学知の研究では第2の研究群が主流になりつつあるように見える。そうした、いわゆる第2の研究群においては、冷戦期の大学に対する政治的介入を相対化する文言を置いてから議論を始めるのが一般的になっている。

(2) 本書の視座

ここまで冷戦期の大学に関する先行研究を、第1の研究群と、第2の研究群に分けてきたが、この分類法はあくまでもエンガマンによるものであるという点に読者の注意を喚起したい。この二分法はシンプルで理解も容易ではあるが、こうした二項対立的な視点そのものが冷戦期アメリカの大学の歴史的変遷についての適切な理解を妨げる危険性をはらんでいる。彼の分類で言う第1の研究群の立場は、国家による大学への権力的関与を排除し、大学の自治や「学問の自由」をいかに守るかという問題意識に支えられているが、大学や学知を国家や社会的権威の影響を受けるだけの受動的な存在との見方につながっている。他方、第2の研究群は、あたかも大学人の意思のみで大学が変転すると考

える点で、ベイリンが批判した大学のアメリカ史一般からの孤立、別言すれば、「『教育的価値』によって貫かれた固有領域が『教育』として自律的に存在」することを前提に、「特定のキャンパスの孤立した出来事や歴史的記録」である「ハウス・ヒストリー」(学内史)、ないしは分析的な枠組みを欠いた大学年代記の量産に加担することにつながりかねない。[21]

　ここで求められているのは、かつて日本の教育社会史を牽引し、現在は歴史家として活躍する橋本伸也の次の提言であろう。彼は、「大学や教育をあたかも理念的に統一されたものとして捉える」思考の様式、つまり大学の本質主義的思想を追求するような思考のあり方と歴史叙述を否定する。大学の本質主義的思想とは、大学なるものは、自己を取り巻く特定の社会に対してではなく、人類普遍の恩恵を生み出す場たるべきという考え方を指す。対して、橋本は、望ましい大学史叙述とは「各時代・社会で大学の果たした機能と構造的特徴」に注目し、大学の「機能と価値をめぐる[大学内部における]集団間の合意」、「協調」あるいは「対立」を重視したものであると力説する。[22] また、近代世界システム研究で知られるイマニュエル・ウォーラーステインの大学観も大学史研究のあるべき方向性を示唆するものとして注目に値する。彼は、1968年の『大学闘争の戦略と戦術』において、大学とは政治的・社会的存在であり、ゆえに「いかなる大学も象牙の塔では[中略]ありえなかった」、と論じている。ウォーラーステインの見るところ、大学は、常に[人類普遍の真理の探究を目指す大学人と社会への奉仕を求める諸権力との間の]衝突の場であった」のであり、「大学の仕事は平和ではなくて戦い——知的な戦いおよびあれこれの形での社会的な戦い——なのである」。[23] 本書は、こうした橋本やウォーラーステインの指摘に大きな共感を覚えるものである。

　かかる先行研究および橋本・ウォーラーステインの大学観を踏まえ、本書は、第二次大戦期から冷戦初期にかけての時代に、ソ連研究をめぐって研究者・大学と連邦政府・財団とが時に手を組み、時に反目するという大学と外部組織との関係の複雑さ、そして、大学内部で学知が形成されていく際の内部での合意ないしは対立に着目しつつ、第二次大戦期から冷戦初期にかけてのソ連研究編制の歴史的経緯を解明をすることを目指す。

序　章　大学と学知から見る冷戦初期アメリカ

（3）　地域研究としてのソ連研究

　本書は、第二次大戦期から冷戦初期にかけての時代に、総合的かつ現代的な学知としてのソ連研究がアメリカの大学で編制される歴史的過程を解明するものであるが、ソ連研究に着目するのは、それが地域研究のなかでも、いち早く学知としての形成が開始され、しかも冷戦期を通じて大きく発展したという特徴を持っているからである。あわせて地域研究の総合的性格も見逃せない。ウォーラーステインが論じるように、19世紀の後半以降、アメリカの学問は政治学、経済学、社会学へと専門分化していく[24]。しかし、この地域研究という学問領域は、それとは反対に、専門分化した学問分野を統合して対象地域を理解しようとするものである。アメリカにおける大学・学知と国家・社会的権威との関係の解明に主眼を置く場合においては、このような特質を有する地域研究を対象とする方が、個別学問分野を対象とするより分析の幅が広がりうる。これが学知の考察を目的とする本書において地域研究を取り上げる理由である。

　ここで、やや議論を絞り込んで、ソ連研究の史的展開に関する先行研究を概観しておこう。まず、第二次大戦期から1940年代後半にかけてはベティ・デサンツの「アメリカの学術共同体と米ソ関係――調査研究部とその遺産、1941～1947年」（1995年）が、また冷戦期のハーヴァード大学におけるソ連研究についてはチャールズ・オコンネルの「社会構造と科学――ハーヴァード大学におけるソ連研究」（1990年）という2つの博士論文が重要である[25]。これらの研究には、本書の立場からすれば課題も含まれており、それらについては、**第1章**以降にて指摘していくが、その一方で本書は、両研究に「歴史的事実」のみならず、一次史料の存在の把握など、多くを負っている。

　これらの研究に加え、先述のエンガマンが2009年に発表した『敵国研究――アメリカにおけるソ連研究者の隆盛と凋落』（以下、『敵国研究』）は、冷戦期のアメリカの各大学におけるソ連研究の総合的な姿に迫ることを試みている点で、本書にとって、もっとも重要な先行研究である。彼は、2004年に発表した論文では、ソ連研究の容易ならざる複雑性を指摘しつつも、ソ連研究という学術領域は「冷戦の産物」たる色彩が強いとの見方を示していた[26]。しかし、『敵国研究』では、「ソ連の経済、政治、それに社会の研究」を支配していたのは、「大学人の［研究］目的と国家の特別な事情との緊張関係であっただろう」と

11

述べ、自身の研究は、第1の研究群と自身が提唱し主導する第2の研究群を架橋するものであるとの宣言をしている[27]。ただし、彼の主張は、それまでの研究を乗り越えるものではない。なぜなら、エンガマンは、アメリカという国家と大学におけるソ連研究（学知）とを対置させており、この点からすればそれまでの研究と相違がないからである。国家と大学・学知という構図を前提とすれば、冷戦期のソ連研究を対象とした歴史研究は、国家がソ連研究を作り上げたのか、あるいはソ連研究という学知が冷戦期のアメリカのあり方を規定したのか、といういずれかの主張に必然的に行きついてしまう。もっとも、エンガマンもこの点を意識しているのか、『敵国研究』のなかで「緊張」という語を用いて、国家対大学という二項対立的な構図に陥るのを回避しようとしているようである。しかし、エンガマンの著作を慎重に読み進めれば、『敵国研究』は、後者すなわちソ連研究が冷戦期アメリカのあり方を規定したという議論に流れてしまっている。このように国家と大学・学知との対置を前提とした構図は、国家が大学や学知のあり方を規定したと捉えるものであれ、大学・学知が国家のあり方を規定したと捉えるものであれ、その双方が有しているはずの歴史的な多様性を見失わせ、それらの歴史的硬直性を強調させるという危険をはらんでいる。

　こうした冷戦期のソ連研究に関する先行研究が抱える問題を乗り越えるには、大学・学知とアメリカの国家・社会的権威とがいかなる関係のなかでソ連研究を築き上げようとしたのか、さらに、大学内部の関係性にも着目し、いかなる学知が編制されたのか、その経緯を論理的に明らかにしなければならない。加えてコロンビア大学ロシア研究所とハーヴァード大学ロシア研究センターが、1950年の中頃までに連邦政府と縁を切り、その冷戦的社会科学という第二次大戦期に構築され、それまで継続して存続してきた学知の構造を脱し、学際性や組織性のない、個々の研究が独立して遂行されることになったと指摘するエンガマンの歴史的見方についても再考の必要があろう[28]。

　かかる問題意識をふまえ、本書は、第二次大戦期から冷戦初期にかけてのアメリカの大学における研究活動の実態について、大学が国家やアメリカの社会的権威の1つである財団から要請されて遂行したソ連研究を取り上げ、両者の複雑な関係性を解きほぐしながら、冷戦の初期にあって、いかなるソ連研究が

現出したのか、そしてそのソ連研究の末路を明らかにする。

あらかじめ本書の構成を述べておきたい。**第1章**および**第2章**では、冷戦初期の時代までに、ソ連研究が制度化されていくまでの過程を扱う。まず**第1章**では、冷戦期にアメリカの大学で立ち上げられるソ連研究の重要な起源の1つとなった第二次大戦期の戦時機関においてソ連研究が形成される過程を、次いで**第2章**では、第二次大戦終結後のコロンビア大学にロシア研究所が、またハーヴァード大学にロシア研究センターが設立されるまでの経緯と、設置後の両機関がいかなるソ連研究を志向するようになったのかを、MITが取り組んだソ連研究にも着目しつつ明らかにする。**第3章**および**第4章**では、大学で制度化されたソ連研究の実相に迫る。**第3章**では、1950年から1954年にかけてハーヴァード大学ロシア研究センターが空軍の依頼に基づいて実施したソ連研究が国防政策や反共主義との関係から中止に追い込まれ、また生産された学知も「停滞」に陥ったことを、そして**第4章**ではMITが1951年から1953年にかけてソ連研究を実施するものの、国際情勢の変化に伴い途絶するまでの過程を描く。

そして**終章**では、上記の議論をふまえたうえで、1950年代初頭のそうしたソ連研究、ひいては学知がアメリカに与えた影響について、ザンズの機関連環の視点を導入しつつ、学知と冷戦初期アメリカの関係について考察する。

1) 紀平英作『パクス・アメリカーナへの道―胎動する戦後世界秩序』山川出版社、1996年、第4章、小野沢透「概説」肥後本芳男・山澄亨・小野沢透編『アメリカ史のフロンティアⅡ―現代アメリカの政治文化と世界　20世紀初頭から現代まで』昭和堂、2010年、110-111頁。
2) Ellen W. Schrecker, *No Ivory Tower: McCarthyism and the Universities* (New York: Oxford University Press, 1986); Sigmund Diamond, *Compromised Campus: The Collaboration of Universities with Intelligence Community, 1945-1955* (New York: Oxford University Press, 1992); 黒川修司『赤狩り時代の米国大学―遅すぎた名誉回復』中央公論社、1994年。
3) 紀平英作「挫折した『戦後平和』への期待」紀平英作編『帝国と市民―苦悩するアメリカ民主政』山川出版社、2003年、50-55頁。
4) 島田真杉「50年代の消費ブームとそのルーツ」常松洋・松本悠子編『消費とアメリカ社会―消費大国の社会史』山川出版社、2005年、177-181頁。

5) Richard M. Freeland, *Academia's Golden Age: Universities in Massachusetts 1945–1970* (New York: Oxford University Press, 1992).
6) Henry Luce, "The American Century," *Life* vol. 10, no. 7 (February 17, 1941).
7) 中山茂『大学とアメリカ社会―日本人の視点から』朝日新聞社、1994年、13頁。
8) 同上、28-29頁。
9) Bailyn, *Education in the Forming of American Society: Needs and Opportunities for Study* (New York: A Division of Random House, 1960), 3, 55, 87. ベイリンの著作は、教育史研究者によって日本に紹介されている。宮沢康人「アメリカ教育史像の再構成に向って―60年代・70年代アメリカの教育史研究」『東京大学教育学部紀要』第14巻（1974年）。
10) 生井英考「『アメリカ文化』のダイナミズム」渡辺靖編『現代アメリカ』有斐閣、2010年、188-189頁。
11) 中野耕太郎『20世紀アメリカ国民秩序の形成』名古屋大学出版会、2015年、第1章、第3章。
12) Olivier Zunz, *Why the American Century?* (Chicago: University of Chicago Press, 1998), x-xii（有賀貞・西崎文子訳『アメリカの世紀―それはいかにして創られたか？』刀水書房、2005年、4-7頁）。
13) Zunz, *Why the American Century?*, x-xii（有賀・西崎訳『アメリカの世紀』、4-7頁）；紀平英作『歴史としての「アメリカの世紀」』岩波書店、2010年、114-115頁。
14) Zunz, *Why the American Century?*, x-xii, 4-17（有賀・西崎訳『アメリカの世紀』、16-34頁）.
15) James Ridgeway, *The Closed Corporation: American Universities in Crisis* (New York: Random House, 1968), 145-150（杉辺利英・河合伸訳『崩壊する大学―アメリカの産学協同』朝日新聞社、1970年、203頁）。
16) Gene M. Lyons, *The Uneasy Partnership: Social Science and Federal Government in the Twentieth Century* (New York: Russell Sage Foundation, 1969), 10.
17) Ellen W. Schrecker, *No Ivory Tower: McCarthyism and the Universities* (New York: Oxford University Press, 1986); Sigmund Diamond, *Compromised Campus: The Collaboration of Universities with Intelligence Community, 1945–1955* (New York: Oxford University Press, 1992), xii.
18) Christopher Simpson, *Science of Coercion: Communication Research and Psychological Warfare, 1945–1960* (Oxford University Press, 1994); Noam Chomsky et al., *The Cold War and the University: Toward an Intellectual History of the Postwar Years* (New York: New Press, 1997); Christopher Simpson, ed., *Universities and Empire: Money and Politics in the Social*

Sciences during the Cold War (New York: New Press, 1998).
19)　Ron Robin, *The Making of the Cold War Enemy: Culture and Politics in the Military-Industrial Complex* (Princeton University Press, 2000); Mark Solovey and Hamilton Cravens, eds., *Cold War Social Science: Knowledge Production, Liberal Democracy, and Human Nature* (New York: Palgrave Macmillan, 2012).
20)　David Engerman, "Rethinking Cold War Universities: Some Recent Histories," *Journal of Cold War Studies* vol. 5, no. 3 (Summer 2003), 81.
21)　橋本伸也「歴史のなかの教育と社会——教育社会史研究の到達と課題」『歴史学研究』第830号（2007年）、4頁；John R. Thelin, "Supplemental Bibliography," in *The American College and University: A History* by Frederick Rudolph (Athens: University of Georgia Press, 1990), 519（阿部美哉、阿部温子訳「文献補遺」フレデリック・ルドルフ『アメリカ大学史』玉川大学出版部、2003年〔所収〕、516頁）.
22)　橋本「大学とはなにか」、226頁、ウォーラーステイーン（公文訳）『大学闘争の戦略と戦術』、2頁。
23)　ウォーラーステイーン（公文訳）『大学闘争の戦略と戦術』、5頁。
24)　イマニュエル・ウォーラーステイン（川北稔訳）『近代世界システムⅣ——中道自由主義の勝利　1789-1919』名古屋大学出版会、2013年、286-304頁。
25)　Betty Abrahamsen Dessants, "The American Academic Community and United States-Soviet Union Relations: The Research and Analysis Branch and Its Legacy, 1941-1947" (PhD diss., University of California at Berkeley, 1995); Charles Thomas O'Connell, "Social Structure and Science: Soviet Studies at Harvard" (PhD diss., University of California at Los Angeles, 1990).
26)　David C. Engerman, "The Ironies of Iron Curtain: The Cold War and the Rise of Russian Studies in the United States," *Cahiers du Monde russe* 45/3-4 (Juillet-Decembre 2004), 466.
27)　David C. Engerman, *Know Your Enemy: The Rise and Fall of America's Soviet Experts* (New York: Oxford University Press, 2009), 6.
28)　Engerman, *Know Your Enemy*, 68-69; id., "The Rise and Fall of Wartime Social Science," in *Cold War Social Science*, eds. Solovey and Cravens, 37-38.

第1章　第二次世界大戦期の戦時機関における
　　　　ソ連研究の形成と変容

第1節　先行研究と問題の所在

　冷戦期のソ連研究の起源には諸説あるが、大規模かつ組織的な体制の下で最初にソ連研究を開始したものとしてしばしば言及されるのは、情報調整局（COI）東欧研究部門と、その後身である戦略情報局（OSS）ソ連研究部門（USSR Division）である。第二次大戦期に戦時の情報分析を目的に学術研究者を動員してソ連研究を遂行したこれらの連邦政府機関が注目されるのは、最大時には40名の研究者を抱えるなど、大規模に展開されたものであったこと、さらに両部門に所属した研究者の多くが、戦後、コロンビア大学ロシア研究所やハーヴァード大学ロシア研究センターなどの主要な学術機関に移り、ソ連研究を継続したことによる。本章は、これらの戦時機関におけるソ連研究を跡づけるものである。

　本章に関係する先行研究としては、ベァリー・カッツと序章でも取り上げたデサンツの研究が存在する。ソ連研究部門についての先駆的な研究をものしたカッツは、同部門の活動には当初関心が寄せられず、むしろ猜疑や疑惑の視線が向けられることもあったが、ソ連研究部門はあらゆるイデオロギーから自由で、かつ学際的な研究を追求し、その研究姿勢が、やがて統合情報委員会（JIC）や国務省、戦時生産局や戦時情報局の信頼を得るところになったとしている[1]。彼は、ソ連研究部門において、自由かつ学際的なソ連研究の確立を目指す研究者の意向が終始貫かれたことを強調しているが、戦時機関において、カッツの言うように研究者の自由意思が貫徹されたと考えるのは、やや学知の側の論理に偏っている感が否めない。さらに彼は、東欧研究部門とソ連研究部

門の相違を軽視しており、このことが、結果として第二次大戦期の戦時機関におけるソ連研究の実態の平板化につながっている点は見逃すことができない。

一方、デサンツは、東欧研究部門において、「中立的」、「客観的」、そして学際的な研究が志向されていた事実を、膨大な一次史料を用いて明らかにしている[2]。ただ、彼女の研究の目的は、東欧研究部門とソ連研究部門の研究活動が戦後のアメリカの外交政策に与えた影響を考察することにあるため、東欧研究部門において先のような研究が追求された理由やその背景についての説明は、分析的というより叙述的である。また、ソ連研究部門における研究の方向性の変化についても、曖昧な記述に留まっている。そのため、明らかにされた事実をどのように解釈するかが課題といえる。

そこで本章では、東欧研究部門とソ連研究部門において、ソ連研究が形成され、変容を遂げる過程を、内発的契機としての研究者の思想・構想と、外発的契機としての第二次大戦との双方に目配りしつつ明らかにする。

第2節　東欧研究部門と「中立的」・「客観的」研究

(1)　東欧研究部門の立ち上げとその構想

本節が対象とする東欧研究部門の母体であるCOIは、1941年7月11日、大統領フランクリン・D・ローズヴェルト（Franklin D. Roosevelt）の命により創設された戦時機関である。COI設置の目的は、建国以来、陸軍や海軍などの機関がそれぞれ別個に行っていた情報収集活動を政府レベルで調整すること、言わば、陸軍、海軍、そして国務省の情報部門を統括することであった[3]。COIの長官には、ローズヴェルトのコロンビア大学ロースクール時代の同窓生、ウィリアム・ドノヴァン（William Donovan）が就任した。ドノヴァンは、海外の情報の収集と分析を組織的・効率的に行い、他の政府機関や政策立案者に提供するために、COI内に調査分析部（R&A）を設けた。R&A部長には、アメリカ軍事史・外交史研究で知られるウィリアムズ・カレッジのジェイムズ・バクスター3世（James Baxter, III）が、さらにその下部組織の特別情報部門の部門長には、ハーヴァード大学の歴史学者、ウィリアム・ランガー（William Langer）

第1章　第二次世界大戦期の戦時機関におけるソ連研究の形成と変容

が就任した[4]。

1941年8月、COIは特別情報部門内に、東欧研究部門の設置を計画した。それは同年6月22日に勃発した独ソ戦が大きく関係していた。独ソ戦の開始によって、連邦政府は、自国の軍事的参戦を回避するためにソ連の抗戦力に期待していたが、ソ連がドイツ軍の主力部隊を引きつけることができるだけの軍事力を有しているか否かは、ほとんど解明されていなかった[5]。もともとソ連は外国人の立ち入りを制限しており、ソ連に関する情報は不足気味であったが、1937年頃がもっとも凄惨であったとされる大粛清以降、その制限がいっそう厳しくなった。そのため、専門研究者による分析が必要とされたのである[6]。

8月末、ランガーは、コロンビア大学歴史学部教授ジェロイド・ロビンソン（Geroid Robinson）に、東欧研究部門の部門長への就任を打診した。ロビンソンは1932年に発表した『旧体制下におけるロシアの農村』によって、アメリカにおけるロシア史研究の第一人者と目されるようになった人物であった[7]。コロンビア大学から休職を認められたロビンソンは、9月2日、ワシントンDCに到着し、数日後、ランガーの依頼を引き受けることにした[8]。

ロビンソンが東欧研究部門への参加を決めた背景には、第二次大戦があった。ロビンソンは大戦前から、早晩、世界規模の大戦争が勃発すると考えており、大戦勃発後はアメリカの早期の参戦を訴えていた。さらに彼は、1940年6月、フランスの敗北をきっかけに、歴史家のヘンリー・コマージャー（Henry Commager）に誘われる形で、ハーヴァード大学の学長ジェイムズ・コナント（James Conant）が委員長を務め、枢軸国に対抗するためにイギリスへの軍事援助を訴える政治団体「連合国への援助によるアメリカ防衛委員会」（以下、アメリカ防衛委員会）に加入していた[9]。

そうしたロビンソンにとって、東欧研究部門への参加は、第二次大戦に関わり、なおかつ自己の能力を発揮できる絶好の機会であった。就任後、彼は、「長い間、わたしはこの大変動において果たすべき役割があると感じていた。そして現在のわたしの立場は、わたしに今できることをなす機会を与えてくれて」おり、それは、「東欧に関する情報や誤解を整理し、それを必要とするところに提供すること」である、と語っている[10]。

ロビンソンとともに東欧研究部門、さらにはソ連研究部門の活動をリードし

19

たのが、元シカゴ大学教授のジョン・モリソン（John Morrison）であった。彼はシカゴ大学にアメリカの大学では初となるロシア地理学のコースを設けた地理学者であり、1941年には、アメリカ防衛委員会のシカゴ支部長を務めていた。モリソンは、同年9月1日、COI長官のドノヴァンとR&A部長のバクスターに招かれワシントンに出向き、そこで東欧研究部門への参加を要請された。彼は、ドノヴァンらとの会合の直後から、同部門の副部門長として組織作りを始めた。

東欧研究部門の立ち上げにあたり、ロビンソンとモリソンは、壮大な構想を抱いていた。それは、ソ連のみならず東欧をも含めた広域的な地域研究を遂行すること、そして歴史学者や地理学者だけでなく、社会学者や経済学者、心理学者や政治学者なども加えた学際的な研究を展開することであった。彼らは、ソ連・東欧を研究対象とする大学院修了生を対象に人材の確保を開始し、その結果、1942年10月には、ソ連を専門とする者が14名、ブルガリアの専門家が2名、ルーマニアとユーゴスラヴィアがそれぞれ1名の、計18名の研究者を揃えることができた。また学問分野も歴史学、地理学、経済学、政治学などに及んでいた。[11]

（2）「中立的」・「客観的」研究へ

こうして立ち上げられた東欧研究部門では、主に2つの研究が行われることになった。1つは、独ソ戦の勃発に伴い、ソ連がドイツ軍の主力部隊を引きつけられる十分な能力を有しているかを解明するための研究で、国力研究と呼ばれるものであった。もう1つは、1941年11月7日の武器貸与法のソ連への適用以降に取り組まれた、ソ連に武器や食料を輸送するルートを検討する研究であった。このうち国力研究に多くの時間が費やされた。[12]

部門長として研究を開始したロビンソンは、大戦の勝利と戦後の平和のためには、アメリカを含めた連合国とソ連が、戦時のみならず平時においても「協調」することが必要であるという考えを持った人物であった。[13]その根底にある共産主義体制、あるいはソ連そのものを是認するかのような主張は、ロビンソンが第一次大戦の従軍から帰還し、コロンビア大学大学院でロシア史研究に取り組みはじめた頃から見られた。

当時、ロビンソンはニューヨークのグリニッジ・ヴィレッジに住み、学業のかたわら、ソーステイン・ヴェブレン（Thorstein Veblen）やコロンビア大学教授のジョン・デューイ（John Dewey）らとともに、文芸雑誌『ダイアル』誌に参加していた。『ダイアル』誌は、1917年にランドルフ・ボーン（Randolph Bourne）の反戦論文である「戦争における良心と知性」を掲載したことからもうかがえるように、当時、前衛的とされた雑誌であった。ロビンソンは、全米がストライキに覆われた1919年、労働者の不安を取り除くための労働組織と経済管理体制の確立を訴える論文や、政治や経済で大きな役割を果たしている労働者のために革命を伴わない漸進的な社会改良を求める論文を『ダイアル』誌に発表していた。また、1922年には、『政治学季刊誌』に、ロシア史研究においては、「共産主義という経験」をソ連の「過去」として捉えることが肝要であるとする論文を発表した。これは、衰退傾向にあったとはいえレッド・スケアが依然として猛威を振るっていた当時のアメリカにおいて、学術研究の対象としての「ソ連」を防衛しようとしたものと見られる。

そうしたロビンソンであったが、東欧研究部門では自己の主張を打ち出すことを控えていた。それは1つには、同部門では「中立的」で「客観的」な研究が求められていたからであった。そもそもR&A内すべての研究部門は、結論や政策提言のない「事実に基づく」（factual）報告書の作成を求められていた。さらに研究者自身も「中立的」かつ「客観的」であることが求められていた。1941年11月、ワシントンを拠点に活動する「ソ連の戦争を支援する委員会」という組織が主催する昼食会に招かれたロビンソンは、これに出席すべきか否か、上司であるランガーに尋ねた。これに対しランガーは、時間があれば参加してもよいが、原則から言えば、特定の政治的傾向が想定されやすい者（東欧研究部門の研究者を指す）が、そうした組織と関わりを持つことは好ましくない、という趣旨の回答をしたのである。

ロビンソンが自己の主張を差し控えたもう1つの理由には、反共主義的な圧力の存在があった。設置後間もない1941年9月、東欧研究部門は、研究者の身元確認を十分にしておらず、共産主義者がほとんど問題なく政府機関に侵入することを許しているとの非難を浴びた。また、1942年3月には、所属研究者のジョン・スコット（John Scott）が、副部門長のモリソンに次のような不安を漏

らしている。自分の父は「悪名高いアカ」として米連邦捜査局（FBI）にマークされ、そのうえ、自分は10年間ソ連で暮らし、ロシア人を妻にしている。このことから、FBIは自分を、アメリカの機密情報を奪おうとしているクレムリンの工作員と疑っているのではないか、と。さらに、ドノヴァンは、下院非米活動委員会（HUAC）の告発を受け、東欧研究部門でソ連の電力や石油、食糧供給の研究に従事していたレナード・ミンス（Leonard Mins）を解雇した。ロビンソンは、「彼はこの組織において最も価値のある研究者の１人」としてミンスを擁護し、モリソンも、ドノヴァンがミンスの辞職を認めず解雇に踏み切ったことに不満を漏らしている。

こうした要因からロビンソンは、自己の主張をひとまず封印し、R&Aの方針に従い、「中立的」で「客観的」なソ連・東欧研究に取り組むようになった。ロビンソンの禁欲的とも言えるその姿勢は、まず人材確保の面で見られた。東欧研究部門の設立当初は、ソ連からの亡命研究者の応募が殺到したが、ロビンソンは彼らのほとんどを採用しなかった。それは、ソ連からの亡命研究者は、親ソ的か反ソ的か、いずれかの政治的立場にあると見なされたためであった。しかし、モリソンがのちに、「［東欧研究部門の後身として1943年１月に誕生した］ソ連研究部門では、ロシアからの亡命研究者を受け入れたことに対し、不幸なことに東欧研究部門では、どんなに長くアメリカに住んでいても、亡命研究者を雇用することは困難であった」と述懐していることから、こうしたロビンソンの姿勢は、東欧研究部門への圧力を受けての苦渋の決断であったように思われる。実際、のちのソ連研究部門では、亡命研究者はもちろん、エイブラム・ベルクソン（Abram Bergson）をはじめとするマルクス経済学を専門とする学者も採用されている。

一方、研究面では、ソ連の食糧供給や人口問題といった、統計や定量分析を用いた「中立的」で「客観的」な研究が中心となった。他方、ソ連の政治動向、わけてもソ連の外交政策に関する研究は、後景に退くこととなった。「中立的」で「客観的」な研究と政治・外交政策の研究は、論理的には両立しうるものの、「中立的」で「客観的」な分析を施した結果、ソ連がアメリカとの協調関係を長期的に維持できるパートナーであるという結論が導かれようものなら、それは、当時の東欧研究部門を取り巻く状況からすれば、「偏向した」分

析と捉えられる危険性があった。またロビンソン自身が、ソ連の政治や外交政策の研究に取り組むことは、連合国間の戦争目的の違いを明らかにし、その協調関係を破壊することになると考えていたことも、そうした研究が避けられる要因となった。ロビンソンは東欧研究部門の研究者がソ連の政治動向の研究に取り組まないよう押し止めていたという。[24]

しかし、次節で触れる同じ R&A 内の経済研究部門に対し、東欧研究部門の価値と優位性を誇示するという目的もあり、1942年11月、東欧研究部門内からソ連と日本との関係や、ソ連のポーランドに対する意図といった、ソ連の外交政策の分析に取り組むべきとの意見が出はじめた。そして同年12月、「冬から春にかけてのロシアとドイツ──連合国の政策と独自講和」と題された、東欧研究部門唯一となるソ連の外交政策に関する研究が行われた。そこでは、ソ連に武器や食糧を積極的に供給しなければ、ソ連がドイツと独自講和に入る可能性があるため、海外に展開しているアメリカ軍をはじめとする連合国軍を、ノルウェー北部などに派遣し、ソ連への供給ルートを確保しておくべきとの提言がなされた。[25] しかし、本格的にソ連の外交政策の研究を行い、さらに、アメリカとソ連は協調すべきというロビンソンの主張が前面に押し出されるようになるには、ソ連研究部門の誕生と第二次大戦の戦況の変化を待たなければならなかった。

第3節　ソ連研究部門の誕生

(1) 東欧研究部門と経済研究部門の対立

本節では、東欧研究部門がソ連研究部門に再編される過程をたどり、言わば内発的契機として、それまでのソ連研究を変容させる可能性を持った組織論理が現出する文脈を明らかにする。

きっかけは、1942年7月、JIC が東欧研究部門と同じ R&A 内の経済研究部門に対し、1つのペーパーにコメントを寄せるように要請したことであった。「東部戦線におけるソ連とドイツ」と題されたこのペーパーは、東欧研究部門が JIC に提出した国力研究「1942年4月30日時点でのソ連の力」(以下、「ソ連の

力」)」を基に作成されたものであった。これを受けた R&A の研究者で渉外担当もしていたエドワード・メイソン（Edward Mason）は、JIC の要求を先取りする形で、東欧研究部門に、たとえすべての統計資料が揃っていなくても、「ソ連の力」の完全版を作成するように求めた。そもそも「ソ連の力」は、ソ連の情報統制と占領地域に関する統計資料の不足から困難を極めた研究であった。当初、東欧研究部門は、こうした不完全な研究には二の足を踏んでいたが、それでもこの研究に取り組んだのは、自分たちが行わなければ、経済研究部門がこの研究に取り組むことになると考えたからであった。東欧研究部門には、経済学が専門で、必ずしもソ連の事情に明るいとはいえない経済研究部門によってソ連の研究がなされるくらいであれば、たとえ不完全であろうとも、自分たちで取り組むべきとの考えがあった。

このような経緯もあり、ロビンソンはメイソンの要請をしぶっていた。すると経済研究部門が、東欧研究部門が必要な情報を提供するならば、自分たちがその仕事を遂行すると名乗りを上げた。しかし、ロビンソンは東欧研究部門には経済研究部門のために割く時間も人員もないとして、資料の提供を拒否した。これに対し、経済研究部門の部門長エミール・デプレス（Emile Depres）がロビンソンの態度を非難したことから、東欧研究部門と経済研究部門の対立が生じた。

1942年の夏にかけて、東欧研究部門と経済研究部門との関係は、悪化の一途をたどっていった。経済研究部門が東欧研究部門は非協力的であると非難するのに対して、東欧研究部門は、経済研究部門に東欧の研究をする資格があるのか、と反論した。加えて東欧研究部門は、自分たちには東欧地域に関するすべての研究を行う責任があり、そのために、これまで歴史学者や地理学者をはじめ、経済学者や社会学者をも加えた学際的な体制を作り上げてきたのだと主張し、一歩も引かない構えを見せた。[26]

この問題に対し、R&A は部内にモリソンを含めた5人からなる委員会を立ち上げ、東欧研究部門と経済研究部門の研究活動の調整を図ろうとした。そして、この委員会の下に、JIC の要請に基づいて海外の研究を行う国力研究チームが設置された。その目的は、東欧研究部門と経済研究部門が合同で研究する環境を設けることであった。国力研究チームの1つで、ロビンソンがリーダー

を務めたロシア国力研究チームには、東欧研究部門からのみならず、経済研究部門や地理研究部門などからも研究者が集められ、ソ連の食料状況についての研究が行われた。[27]

　R&Aでは、この対策にて東欧研究部門と経済研究部門の関係は改善すると見ていたが、あくまでも自部門の研究権限の範囲にこだわるロビンソンは、1942年9月7日、R&A部長のバクスターに書簡を送り、「東欧研究部門には、自部門が地理的にカバーする地域におけるすべての問題について研究する責任がある」のか、それとも「東欧研究部門がカバーしている地域における経済的な問題については、それを研究する責任は経済研究部門」にあるのか、明確にするよう求めた。そしてロビンソンは、もし後者が選択されれば、「モリソン氏とわたし［ロビンソン］は、戦争遂行のための有益な協力ができなくなります」と述べたのである。[28]

　書簡を受け取ったバクスターは、経済研究部門のデプレスに意見を求め、これを受けてデプレスは自己の見解を覚書にまとめた。そのなかでデプレスは、東欧研究部門の研究者はその受けた教育と経験ゆえに、「事実」を発見するだけであるが、経済研究部門の研究者は、その事実を分析し、「戦略的な問題の解決」に必要な形に練り上げることができると述べ、東欧研究部門との間には埋め難い深い溝があることを示唆した。

　事ここに至り、東欧研究部門と経済研究部門の対立は決定的なものとなった。本来であれば、R&Aの活動を統括するバクスターが決断を下すべきであったが、この頃、病のため職を辞す決意をしていたためか、彼が事態の収拾に動いた形跡はない。結局、バクスターは9月中に辞職し、後任には特別情報部門長のランガーが就任した。だが、ランガーもまた、この問題の解決に乗り出そうとはしなかった。

（２）　ソ連研究部門の誕生と第二次大戦

　結局、事態が動き出したのは、1942年11月になってからであった。R&Aに設けられた委員会の長で地理学者のリチャード・ハートショア（Richard Hartshore）が、国力研究チームについての報告書をまとめたのである。このなかで彼は、東欧研究部門と経済研究部門の研究活動の調整は、R&Aを完全に

地域研究を主体とする学際的な組織に編制するか、あるいは歴史学、地理学、経済学など研究者のディシプリンに沿って再編するか、そのいずれかによらなければ決着がつかないと指摘した。そのうえでハートショアは、概略次のように述べ、前者、すなわち地域研究を主体とした学際的な組織の立ち上げが望ましいとの見解を示した。OSS は、軍部が海外の戦場で必要とする情報を提供するために、人材の確保と研究方法の確立を目指さなければならない。軍部は社会科学が明確に細分化されることを望んではいない。彼らは、経済学者や政治学者、心理学者から別々に問題の解決案が提出されるよりも、むしろすべての学問分野がほどよく混ぜ合わされ、有益な情報が提供されることを期待している、と。[29]

　このハートショア報告を受けて、R&Aでは1943年1月、全面的な組織再編がおこなわれた。そして、地域研究を主体とした学際的な組織が編制された（図1-1）。東欧研究部門はソ連研究部門に再編され、その下部組織として政治研究室、経済研究室、地理研究室が設けられた。経済研究室は経済研究部門の一部を移管して設置されたものであり、実際に研究者の異動も行われた。ロビンソンとモリソンは、東欧が研究対象から外されたことで、東欧研究部門の立ち上げ当初から構想していた広域的な地域研究が不可能になったことに落胆はしたものの、結果的に経済研究部門に勝利し、自分たちが望んでいた学際的なソ連研究が可能になったとして、この組織再編を歓迎した。しかし、この再編は、異なるディシプリン間の研究者の対立を解消するという以上に、第二次大戦遂行の論理とも密接に結びつけられたものでもあった。

　それはハートショア報告の「学際的」な研究を推奨する部分に見られた。そもそもロビンソンらが学際的な研究を目指していたのは、アメリカとは政治的にも文化的にも異なるソ連という国家を理解するためには、経済学や政治学などの学問が高度に融合されていることが必要だと考えたためであった。[30]しかし、ハートショアは、学術的観点からというより、むしろ第二次大戦の遂行に必要な研究のために、「学際的」体制を導入すべきであると主張していた。そして、ここには、第二次大戦の遂行に必要であれば、東欧研究部門では避けられてきた政策提言やソ連の外交政策の研究にも、「学際的」体制で取り組まなければならない、との含意もあった。そうした彼の主張を受けて組織再編が行

第 1 章　第二次世界大戦期の戦時機関におけるソ連研究の形成と変容

図 1-1　再編後の調査分析部組織図（1944 年 3 月 1 日時点）

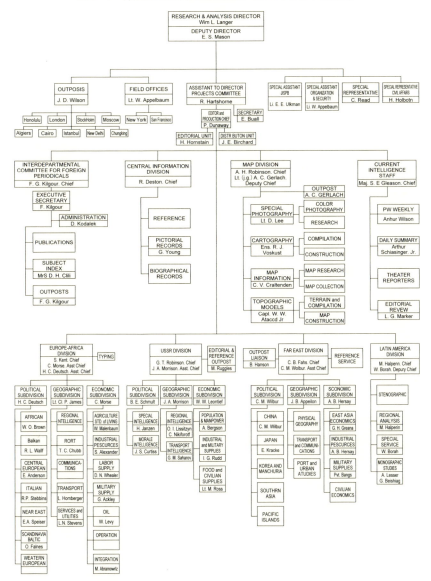

出所：Barry M. Katz, *Foreign Intelligence: Research and Analysis in the Office of Strategic Services* (Cambridge: Harvard University Press, 1989), 242-243 より筆者作成。

われたことからすれば、ソ連研究部門は、それまでのソ連研究を変容させる論理を内包した組織として誕生したと言ってもよかった。こうしたソ連研究部門において、ソ連研究は新たな段階に突入していくのである。

第4節　ソ連研究の変容

（1）　変容の胎動

　ソ連研究部門における研究の変容は、第二次大戦の戦況の変化を契機とした連邦政府や社会の変化と密接にリンクしていた。独ソ戦においてソ連軍が反撃に転じた1943年のはじめを境に、連邦政府にとって、大戦時のソ連との協調関係をいかにして永続化させるかが大きな課題となった[31]。それに歩調を合わせるかのごとく、アメリカ市民のソ連に対する心情も徐々に好転しはじめた。1943年3月、『ライフ』誌は、米ソ協調をテーマとした特集を組み、「彼ら［ソ連人］はアメリカ人のような様子をしており、アメリカ人と同じような服装をし、アメリカ人と同じ考え方をする」との記事を掲載している[32]。また、ソ連の側も、アメリカなどの支持を取りつけることを目的に、1943年5月にコミンテルンを解散した。このため、アメリカ政府もソ連に対して友好的な姿勢を示すようになった。

　こうした変化を背景に、1943年8月、OSS の派遣団に随行してケベック会談に出席したロビンソンは、同会談で「戦略と政策―アメリカとロシアは協調できるか」という研究を発表した。これは、ソ連研究部門政治研究室の研究を土台としたもので、それまで避けられてきたソ連の外交政策を分析の対象とし、なおかつ政策提言も含まれたものであった。このなかでロビンソンは、ソ連の最低限の目標は自国の周辺に反ソ的でない、あるいはいかなる大国にも支配されていない国家を樹立することである。また、最大の目標は西側世界にソ連の革命と支配を広めることであるが、いくつかの方法をもって、ソ連を最低限の目標に誘導することができる。その1つは、米英ソの3国からなる協議会を即時に設立し、イタリアとドイツに対する共同の行動計画を策定することである、と述べたのである[33]。

ケベック会談を契機に、ソ連研究部門政治研究室は、ソ連の外交政策の研究に本格的に取り組みはじめた。そして、1943年9月、同室の代表的な研究となる「ソ連の外交政策の基礎」が発表される。ここでは、ソ連には①国境の不可侵、②親ソ的な周辺国家の樹立、③米英ソによる世界秩序の維持、④第2戦線の構築、の4つの要求があるが、ソ連は、1930年代以降、国際政治のなかに組み込まれているため、これらの要求に応じれば、マルクス主義革命を世界に広めようとはしないだろうとの見方が示された[34]。

 第2節で見たように、ソ連研究部門の前身である東欧研究部門では、政策提言やソ連の外交政策の分析を行う余地はほとんどなかったが、ソ連研究部門政治研究室の研究は、他の政府機関の目にはどのように映ったのであろうか。結果的に同室は、政府内でソ連の外交政策を研究するにふさわしい機関と認識されるようになった。「ソ連の外交政策の基礎」の発表後、政治研究室には他の政府機関から研究の依頼が次々と寄せられるようになった。1943年9月には戦時情報局から、また11月には国務省から研究の依頼がなされ、やがてJICや陸軍省も同室に報告書の作成を依頼するようになった。この背景には、テヘラン会談を通じて、国際政治におけるソ連の存在感が高まったことがあった[35]。こうした政府機関の動きは、前節で見たような組織論理の次元のみならず、現実の次元においても、ソ連研究の変容を可能にする基盤が整っていったことを意味した。

 またソ連研究部門経済研究室も、戦況がソ連に優勢になるにつれて、政府中枢の関心が、ソ連の現状の国力の把握から戦後の経済動向の予測へと移行しつつある状況を察知し、研究内容を変容させはじめた[36]。さらに同室は、政治研究室や地理研究室と連携して学際的な研究にも着手しようとしていた。その試みは、1944年9月の「ロシアの復興と戦後の海外貿易の発展」に結実する。戦時生産局の局長ドナルド・ネルソン（Donald Nelson）と国務省の副長官ディーン・アチソン（Dean Acheson）からの依頼を受けて開始されたこの研究は、経済研究室のベルクソンとヴァシリー・レオンチェフ（Wassily Leontief：戦後にノーベル経済学賞を受賞する）が部門内に学際的な体制を立ち上げて取り組んだものであった[37]。そこでは、ソ連は第二次大戦によって固定資本の25パーセントを失い、340万人の国民が死亡したとの想定のもと、もし第二次大戦が1944年中に終結

すれば、1948年までには国家収入が1940年の水準に回復し、さらに、第3次5ヶ年計画が達成されれば、ソ連の経済は、1950年には1942年の水準にまで回復するだろうとの見通しが示された[38]。

　もっとも、この研究の政策への反映は限定的であった。それは、ソ連研究部門が、ソ連は第二次大戦によって340万人を失ったとしていたのに対し、国務省はそれを1500万人から2000万人と見ていたからであった。ゆえに、国務省は、ソ連が大戦終結後3年以内に経済復興を遂げるであろうとのソ連研究部門の見通しに懐疑的だったのである[39]。ともあれ、ソ連研究部門は、1943年以降、戦況の変化を契機としたアメリカ政府・社会の変化や他の政府機関からの研究要請、さらには学際的な研究の経験を通して、その研究内容を変容させつつあった。そして、1945年1月、その集大成となる研究の発表をもって、ソ連研究は大きな変容を遂げることになる。それは、「戦後におけるソ連の国力と意図」という研究であった。

（2）「戦後におけるソ連の国力と意図」

　1944年10月、JICはソ連研究部門に、1945年から1952年にかけてのソ連の国力と意図を分析するよう依頼した。ロビンソンはすぐさまこの依頼を最優先事項とし、ソ連研究部門の総力を挙げて研究を行うように指示した。ただ、JICの要請の数ヶ月前から、ソ連研究部門内では、いずれ開かれるであろう戦後の世界秩序について話し合う国際会議に備えて、そうした研究が必要ではないかとの認識が広まっていた[40]。ここからは、ソ連研究部門は他の政府機関から研究要請を受けてそれを遂行するだけの受動的な組織ではなく、むしろそれを契機と捉え、自己の目指す研究を追求する性格を有していたことがうかがえる（図1-2）。そうして、1945年1月、「戦後におけるソ連の国力と意図」が完成する。

　この研究は、まず経済面の分析として、ソ連の経済は、1948年には戦前の水準に回復するだろうとしたうえで、ソ連は国民総所得を急増させるべく、軍事支出を1938年の水準に抑制するだろうと予測する。続いて、軍事面の分析に移り、もともとソ連には、西欧諸国との間で軍事衝突や軍拡競争を引き起こす意図はなく、自国の政治的意図が認められるかぎり、また国際社会の状況が許すかぎり、短期的な軍事支出は可能なかぎり縮減されると見る。

図1-2 OSSとJIC（統合情報委員会）

注：各情報機関は、総合情報委員会を介さない大統領への直接のアクセスを有していた。
出所：大野直樹「CIAの設立」中西輝政・小谷賢編『インテリジェンスの20世紀—情報史から見た国際政治』千倉書房、2007年、69頁。

　こうしたソ連の経済的・軍事的な分析をふまえて、最後にイデオロギー面の分析を行う。ソ連には全体主義的な傾向があるものの、それだけがソ連の外交政策の決定要因ではない。国際社会におけるソ連の行動は、その根幹をなすマルクス・レーニン主義のみならず、アメリカやイギリスの行動にも影響を受けているのである。そのマルクス・レーニン主義も決して硬直的なものではない。現在のソ連は、資本主義に対して寛容になろうとしている。その結果、ソ連は、資本主義国家・民主主義国家と協調しようとするだろう。現在のところ、ソ連の指導部には、自国の力を誇示することを目的として対外的に打って出る意図はなく、またその必要性もない。もっとも、将来的にソ連が拡張政策に転じる可能性は否定できないが、少なくとも1952年までは国内の復興と発展に力を注ぐだろう、と分析したのである。[41]

　この研究の発表後、クライアントであるJICは、終戦時におけるソ連の経済的・軍事的分析はもちろん、ソ連は西欧諸国との全面対決を避けるであろうとの見通しも妥当であり、この研究は、これまでソ連研究部門に依頼した研究の

なかでも最高傑作であるとして、報告書のコピーをヤルタ会談に持ち込んだ。一方、OSS内部でも、「これまでに見たR&Aの報告書のなかでも最も優れたものの1つである」といった評価がなされ、またソ連研究部門も、それまで自分たちがソ連の理解に不可欠であると主張してきた学際的な研究がいかに有用であるかがここに証明された、と自賛した。[42]

この「最高傑作」に至り、ソ連研究は大きく変容を遂げた。形式面では、東欧研究部門時代には避けられてきたソ連の外交政策が本格的に分析の俎上に載せられるようになった。また内容面では、ソ連はアメリカと協調する意思があるとの主張が打ち出されるようになった。この主張は、ロビンソンが年来抱いていた、アメリカとソ連は協調すべきとの主張を基盤にしていたと見るべきであろう。

ここで注目すべきなのは、この主張の基層に、ソ連はイデオロギーに固執して、共産主義革命を世界に広めることのみに邁進するような非理性的な国家ではなく、むしろ国際社会の多くの国ぐにと同じように自国の利益を最大化するように行動する合理的な国家であるとのソ連観が形成されていたことである。こうしたソ連観が叢生しえたこと自体が、「中立的」で「客観的」であることを求められてきたソ連研究が名実ともに変容したことの証左であった。

小　括　第二次大戦から冷戦へ

本章では、東欧研究部門とソ連研究部門という2つの戦時機関において、ソ連研究が形成され、変容を遂げる過程を、研究者の思想・構想という学知と、レッド・スケアおよび第二次大戦との緊張関係を軸に跡づけてきた。ロビンソンは、第二次大戦の勃発を受けて東欧研究部門の部門長に就任し、研究を開始したが、R&Aの方針や反共主義的な圧力を受け、アメリカとソ連は協調すべきとする自己の主張をひとまず封印し、禁欲的な姿勢でもって、「中立的」で「客観的」なソ連・東欧研究に取り組んだ。やがて、R&Aの組織再編によってソ連研究部門が誕生し、さらに戦況の変化を契機としたアメリカ政府・社会の変化や、他の政府機関からの研究要請を受けるなかで、ソ連研究は、ソ連の外

第1章　第二次世界大戦期の戦時機関におけるソ連研究の形成と変容

交政策を分析の俎上に載せるようになり、ソ連は理性的で合理的な国家であるとのソ連観を形成しつつ、ソ連はアメリカと協調するだろうとの論調で、それまで封印されてきたロビンソンの主張が全面に押し出されるという変容を見せたのであった。こうしてアメリカにおいて立ち上がったソ連研究は、第二次大戦終結後は大学を舞台に展開されていくことになるのであるが、それはオリヴィエ・ザンズの言う機関連環に速やかに編入されることを意味するものではなかった。大戦後のソ連研究は大学によってその様態を異にすることになる。これについては、次章にて見ていくことにする。

1) Barry M. Katz, *Foreign Intelligence: Research and Analysis in the Office of Strategic Services* (Cambridge: Harvard University Press, 1989), 135, 141-149.
2) Dessants, "The American Academic Community and United States-Soviet Union Relations," 4, 7, 19, 33, 41.
3) 竹内俊隆「コラム―行政府」松田武編著『現代アメリカの外交―歴史的展開と地域との諸関係』ミネルヴァ書房、2005年、97頁。
4) Dessants, "The American Academic Community and United States-Soviet Union Relations," 17; Bradley F. Smith, *The Shadow Warriors: OSS and the Origins of the CIA* (New York: Basic Books, Inc., 1983), 68-69.
5) 中野博文「1941年ソヴィエト援助決定と戦時体制設立期の合衆国の政治構造」『アメリカ研究』第25号（1991年）、208-215頁。
6) Katz, *Foreign Intelligence*, 138-139.
7) Geroid Tanquary Robinson, *Rural Russia under the Old Régime: A Hisory of the Landlord-Peasant World and a Prologue to the Peasant Revolution of 1917* (London: Longmans, Green, 1932).
8) Geroid T. Robinson to John Curtiss, 25-26 June, 1959, Folder: "Festschrift" for G. T. Robinson, Box 61, Geroid T. Robinson Papers（以下、GTRP）, Rare Book and Manuscript Library, Columbia University, NY（以下、CURBML）; John Shelton Curtiss, ed. *Essays in Russian and Soviet History: In Honor of Geroid Tanquary Robinson* (New York: Columbia University Press, 1963), xiii-xv; Robert F. Byrnes, *A History of Russian and East European Studies in the United States: Selected Essays* (Lanham: University Press of America, 1994), 200-203; William L. Langer to Philip E. Mosely, September 2, 1941, Folder 78, Box 6, Entry 145, RG 226 (Records of the Office of Strategic Services), National Archives and Records Administration, College Park, MD（以下、NARA）.
9) Dessants, "The American Academic Community and United States-Soviet Union

Relations," 29; Robinson to Curtiss, 25-26 June, 1959; Henry Steel Commager to Geroid T. Robinson, June 5, 1940, Folder: Subject File, Affidavit, 1954, Box 43, CURMBL.

10) Geroid T. Robinson to Dimitrii Fedotoff-White, September 30, 1941, Folder: "Correspondence: Fedotoff-White, Dimitrii," Box 3, GTRP, CURMBL; Geroid T. Robinson to Willard Paddock, September 25, 1941, Folder: "Correspondence-P," Box 5, GTRP, CURMBL.

11) John A. Morrison, "The USSR Division," Part V in "History of the Research and Analysis Branch in the Office of Strategic Services, June 1941-September 1944," Folder 9, Box 98, Entry 99, RG 226, NARA, 1-2; "Office of Strategic Services, Branch of Research and Analysis, Functional Directory of Personnel," October, 1942, Folder 2, Box 15, Entry 1, RG 226, NARA, 13-14.

12) Morrison, "USSR Division," 16.

13) Ibid., 114-115.

14) David C. Engerman, *Modernization from the Other Shore: American Intellectuals and the Romance of Russian Development* (Cambridge: Harvard University Press, 2003), 142-143.

15) Randolph Bourne, "Conscience and Intelligence in War," *Dial* 63 (September 13, 1919), 193-195.

16) Geroid T. Robinson, "The Abyss of the People," *Dial* 67 (November 15, 1919), 435-438; Geroid T. Robinson, "Collective Bargaining in Politics," *Dial* 67 (July 26, 1919), 50; Geroid T. Robinson, "Trade Unionism and the Control of Industry," *Dial* 67 (July 12, 1919), 6.

17) Geroid T. Robinson, "The Decentralization of Russian History," *Political Science Quarterly* vol. 36, no. 3 (September 1921), 454-455.

18) "Office of Strategic Services, Research and Analysis Branch, Style Sheet," Folder 2, Box 1, Entry 1, RG 226, NARA; Smith, *The Shadow Warriors*, 73-75.

19) William L. Langer to Geroid T. Robinson, November 12, 1941, Folder: "Correspondence-L (1)," Box 4, GTRP, CURMBL.

20) Dessants, "The American Academic Community and United States-Soviet Union Relations," 39.

21) John A. Morrison to William L. Langer, March 9, 1942, Folder 2236, Box 149, Entry 146, RG 226, NARA.

22) Dessants, "The American Academic Community and United States-Soviet Union Relations," 43.

23) Morrison, "USSR Division," 4-6; Dessants, "The American Academic Community and United States-Soviet Union Relations," 33, 36-37, 41. ベルクソンについては、第2章第3節および終章も参照。

24) "Coordinator of Information, Functional Directory of Personnel, by Divisions, Sections

and Units," March 1, 1942, Folder 2, Box 15, Entry, 1, RG 226, NARA; "Functional Directory of Personnel," October 1942; Morrison, "USSR Division," 114-115; Dessants, "The American Academic Community and United States-Soviet Union Relations," 70-71.
25) Morrison, "USSR Division," 35.
26) Morrison, "USSR Division," 24-26, 35, 44-45; Dessants, "The American Academic Community and United States-Soviet Union Relations," 45-46.
27) Dessants, "The American Academic Community and United States-Soviet Union Relations," 49.
28) Geroid T. Robinson to James P. Baxter, III, September 7, 1942, Folder: USSR, Box 2, Entry 27, RG 226, NARA.
29) Richard Hartshore, "Report to the Planning Committee," [between October 29 and November 25, 1942], Folder 1, Box 14, Entry 1, RG 226, NARA, 1; Morrison,"USSR Division," 49-50. なお、COI は、1942年6月に OSS と戦時情報局（Office of War Information）に分割される。戦時情報局については、第3章にて詳述する。
30) Dessants, "The American Academic Community and United States-Soviet Union Relations," 51, 72; Katz, *Foreign Intelligence*, 142-143; Byrnes, *A History of Russian and East European Studies in the United States*, 204.
31) Dessants, "The American Academic Community and United States-Soviet Union Relations," 72.
32) "The Peoples of the U. S. S. R.," *Life* vol. 14, no. 13 (March 29, 1943), 23.
33) Geroid T. Robinson, "Strategy and Policy: Can America and Russia Cooperate?," August 20, 1943, Folder 1754, Box 125, Entry 146, RG 226, NARA, 6, 11-14.
34) RA 1109, "The Bases of Soviet Foreign Policy," 1 September, 1943, RA/RG 59 (General Records of the State Department), NARA, 26.
35) Katz, *Foreign Intelligence*, 150.
36) Dessants, "The American Academic Community and United States-Soviet Union Relations," 74-75; Morrison, "USSR Division," 102, 117-119.
37) Katz, *Foreign Intelligence*, 155.
38) RA 2060, "Russian Reconstruction and Postwar Foreign Trade Developments," 9 September, 1944, , RA/RG 59, NARA, 17, table 5.
39) Katz, *Foreign Intelligence*, 156-157; Smith, *The Shadow Warriors*, 381-382.
40) "Research and Analysis Branch Monthly Progress Report March 1945," Folder 1, Box 35, Entry 1, RG 226, NARA; Geroid T. Robinson to William J. Donovan, 4 August, 1944, Folder 1, Box 11, Entry 1, RG 226, NARA; Geroid T. Robinson to William L. Langer, 9 August, 1944, Folder 1, Box 11, Entry 1, RG 226, NARA.
41) RA 2669, "Capabilities and Intentions of USSR in the Postwar Period," 3 January, 1945,

RA/RG 59, NARA, 2a, 4, 26–29, 31–32, 35, 39–40, 42, 47–49.

42) "Achievements and Prospects of USSR Division," March 1945, Folder 7, Box 1, Entry 1, RG 226, NARA; Robert C. Tryon to William L. Langer, 24 March, 1945, Folder 3, Box 8, Entry 1, RG 226, NARA; Dessants, "The American Academic Community and United States-Soviet Union Relations," 136, 144–145.

第2章　冷戦初期の大学におけるソ連研究の「再編」

第1節　先行研究の検討と問題設定

　1940年代後半から1950年代初頭にかけての冷戦初期の時代に、コロンビア大学とハーヴァード大学はソ連研究を開始し、アメリカにおけるソ連研究の拠点となっていった。本章はその過程を跡づけ、冷戦初期のアメリカにおける学術研究としてのソ連研究が、組織・制度と学知の両面において、いかなる「再編」を遂げたのかを、MIT で実施された「トロイ計画」というソ連研究にも着目しつつ明らかにしようとするものである。

　前章で見たように、OSS のソ連研究部門は、最大時には40名以上の研究者を抱えていたものの、第二次大戦の終結と次節で詳述する OSS の解体とによって、同部門の部門長であったロビンソンをはじめ、多くの研究者がコロンビア大学やハーヴァード大学など主要大学へと移籍した。

　これまで、コロンビア大学、ハーヴァード大学、それに MIT におけるソ連研究の歴史的展開については大学別に分析される傾向があった。ロシア研究所が設置されたコロンビア大学については、同研究所にて学んだロバート・バーンズが、エッセイ風にではあるものの随所に重要な指摘を交えて同研究所の歴史的軌跡を記している[1]。また、ハーヴァード大学にはロシア研究センターが設立されたが、その経緯と設立当初の研究の実相については**序章**で取り上げたオコンネル、歴史家のジグムンド・ダイアモンド、社会学者の高城和義が、さらに MIT のソ連研究であるトロイ計画については、アラン・ニーデルが一次史料を駆使した著書や論考をものしている[2]。

　これらの先行研究により、冷戦初期のアメリカの大学においてソ連研究がい

写2-1 H. スチュアート・ヒューズ

出所：スチュアート・ヒューズ（生松敬三・荒川幾男訳）『意識と社会―ヨーロッパ社会思想、1890-1930』みすず書房、1970年、カバー裏表紙。

かに誕生し、いかに展開されてきたのかという歴史的経緯については、ほぼ明らかになってきた。しかし、これら先行研究の視座には、疑問を感じざるえない点がある。

それは、これまでに挙げてきた先行研究のほとんどが、アメリカの連邦政府の諸機関、換言すれば、アメリカの国家権力が大学のソ連研究に一方的に関与し、大学におけるソ連研究の方向性を決定したとの視座に立っている点である。国家が大学のソ連研究に介入した事例として、次の出来事がしばしば取り上げられる。1948年4月、設置間もないハーヴァード大学ロシア研究センターの副所長で、ヨーロッパ思想史家のH・スチュアート・ヒューズ（H. Stuart Hughes：写2-1）が、当時、進歩党の候補者として大統領選挙に立候補していたヘンリー・A・ウォーレス（Henry A. Wallace）を支援したことを理由に、その職を解任されるという事件が起こった。これに関して、高城は、その背景にロシア研究センターに資金を提供していたカーネギー財団の意向を指摘し、同時に、ハーヴァード大学側にも同財団への配慮があったことを示唆している[3]。さらにダイアモンドは、当時ハーヴァード大学と秘密裏に接触していたFBIもヒューズの罷免を求めたとしている[4]。

MITを拠点に遂行されたトロイ計画についても、同様の指摘が見られる。そもそも同計画が国務省から請け負った契約研究であったこと、しかも、トロイ計画で取り組まれた研究内容は、1952年2月にMITに設置された国際問題研究センター（第4章参照）に引き継がれ、さらにこのセンターが、中央情報局（CIA）とフォード財団の支援を受けていたことなどから、ニーデルやナイルズ・ギルマンは、トロイ計画というソ連研究は、アメリカ政府が強い影響力を行使していたと見ている[5]。このように先行研究では、主に国家権力側に主導権があったものと解し、その意図と行動を明らかにすることに関心が集まってきた。冷戦史家エンガマンの研究は、これらの見方とは一線を画するもののよ

うではあるが、**序章**で指摘したように、エンガマンの研究はこれらの先行研究を乗り越える視座を備えたものとはいえない⁶⁾。

そこで本章では、学知を生産する側の論理にも着目することで、大学と国家および財団との間のソ連研究をめぐる関係を描き出すことを目的とする。具体的には、冷戦初期のコロンビア大学とハーヴァード大学におけるソ連研究開始の経緯と、両大学が組織・制度と学知の両面においていかなる「再編」を経験したのかを、ハーヴァード大学のケースについては、MITのトロイ計画を1つの補助線として導入しつつ考察する。その作業を通して、冷戦初期の「再編」期において学知としてのソ連研究が有していた特質について明らかにしていく。

第2節　戦略情報局ソ連研究部門の終焉

第二次大戦期、OSSのソ連研究部門は、部門長でソ連史家のロビンソンを筆頭に、精力的でダイナミックな研究活動を見せていた。だが、やがて、その研究活動も終焉に向かうことになる。ロビンソンは1945年7月、戦後のソ連研究の見通しに関するOSSの内部文書において、次のように主張した。「合衆国政府内部には、[ソ連の圧倒的な重要性を]認識してきた機関はこれまでに」なかった。しかし、「ソ連の国力と意図は、外交分野の領域において、合衆国が向き合う問題のなかでもっとも重要」であり、そのため「アメリカの政策決定者や交渉官はこの[ソ連に関する]重要な問題についてさまざまな側面から光を当てる報告書を緊急に求めている」⁷⁾。しかし、ロビンソンは、ソ連研究の継続は必要であるものの、R&Aに所属している研究者は、国務省あるいはワシントンの他の連邦政府機関に転属させるべきと考えていた⁸⁾。ロビンソンがそのような見解を示したのには、いくつかの理由があった。まず、東欧研究部門およびソ連研究部門時代にロビンソンらが味わった苦い経験にあった。研究者たちは、1941年に設置された東欧研究部門と1943年にOSSの再編にともない誕生したソ連研究部門でソ連に関する研究に従事するにあたって、研究資料となるソ連の新聞や雑誌などをモスクワ大使館、すなわち国務省経由で入手してい

た。しかし、その送付は極めて滞りがちであり、しびれを切らしたロビンソンは幾度となく国務省にモスクワ大使館への自部門の研究者の派遣を要請していた。だが、この要請もなかなか実現せず、ソ連研究部門がようやく研究者をモスクワ大使館に駐在させることができるようになったのは、1944年2月になってからであった[9]。こうした第二次大戦中の研究経験から、ロビンソンは国務省から適切な情報がもたらされない現状では、OSS ソ連研究部門での研究の継続は困難だと判断したのであった。

　もう1つは、ロビンソンが東欧研究部門とソ連研究部門を研究組織であると同時にソ連専門家を育成する機関と捉えていたことと関係した。もともと東欧研究部門は、1941年にロビンソンと副部門長で地理学者のジョン・モリソン、それに大学院を修了したばかりの研究者5名という少数の研究者で立ち上げられた組織であった。しかしそこは、ロビンソンが研究者を鍛えあげる、あたかも大学院のような雰囲気の組織であった。研究者のひとりであるジョン・カーティス（John Curtiss）の回想によれば、ロビンソンは、「高度な学術性と絶え間なき努力を［研究者に］厳しく求めていた」という[10]。さらに、ロバート・タッカー（Robert Tucker）は、「G・T・R［ロビンソン］を満足させるには、完璧で、資料に基づき、客観的で、注意深い結論を出さなければならなかった」と述懐している[11]。その後、1943年に R&A の改組によってソ連研究部門が誕生し、最大時には40名ほどの研究者を抱えるまでにはなったものの、ロビンソンの見たところ、そのなかで高度なロシア語の運用能力を有し、かつソ連の政治体制や経済状態に通じている者は10名ほどしかいなかった[12]。ゆえに、ロビンソンは、ソ連研究部門における専門家養成には限界を感じており、そして、それらのことは大学において実施すべきであるとの確信に至るのである。そのことが、次節で論じるコロンビア大学ロシア研究所の設置につながっていく。

　これらの認識をふまえたうえで示されたロビンソンの主張からは、ソ連研究部門は連邦政府機関であったにもかかわらず組織的にも学問的にも脆弱であったこと、またそれゆえにソ連研究部門の研究が現実の対ソ政策に与えたインパクトにも限界があったことがうかがえる。

　時をほぼ同じくして、1945年9月、OSS はハリー・S・トルーマン（Harry S. Truman）大統領の行政命令にて解体されることが決定される。OSS の研究部門

であったR&Aは暫定的に国務省に移管され、その組織維持が図られることになった。しかし、そうした組織面のみならず、言わば精神的な面でもソ連研究部門は終焉を迎えつつあった。それはソ連研究部門の活動をリードしてきたロビンソンとモリソンの蜜月関係の終焉であった。ロビンソンがソ連研究部門の国務省への移管の必要性を公言する以前からモリソンは、ロビンソンの意向には反対であった。そこにはソ連研究部門のように政策決定過程からある程度距離をとった機関でなければ、ソ連研究は1941年の東欧研究部門のレベル、すなわち、統計や定量分析などの「中立的」で「客観的」なレベルに逆戻りしてしまうとの危機感があった。モリソンは、1944年8月にR&A部長のウィリアム・ランガーへ宛てた書簡において、「ソ連についての［中略］情報の分析と報告について責任を持つ機関が明確」にされない以上、「陸軍情報部や海軍研究所が行っているような［中略］報告書の複製」のごときソ連研究しかできないとの言葉で自身の心境を綴っていた。この書簡からは、モリソンは自分たちが現在研究に従事しているソ連研究部門のみが連邦政府と絶妙な距離を保ちつつ、政府の外交政策とは異なるものの、研究者自身の能力を最大限に発揮できる「真の」ソ連研究の遂行が可能との自負を持っていたことを読みとることができる。[13]

しかしながら、その後のモリソンの動きは、彼のそうした信念とはかけ離れたものになっていく。OSSの解体後、モリソンは国務省に異動し、同省欧州研究局東欧課の課長に就任する。[14] 1947年5月までその役職にあった後、モリソンは総力戦研修所で教鞭をとり、さらに1948年に国務省に戻ったあとには、ソ連の「封じ込め」を提唱して名を馳せていた政策企画室室長ジョージ・ケナン（George Kennan）の顧問を務めるのである。モリソンが一時在職した総力戦研修所は、「安全保障、軍事、政治上の国家政策の問題について、現職者訓練を施す上級施設として」設置されたものであり、ケナンも1946年4月から1947年5月まで外国事情担当副指揮官としてそこで教鞭をとっていた。[15] また、同研修所の政治指導部門にはイェール大学の歴史学教授シャーマン・ケント（Sherman Kent）が文民の教授として勤務していた。彼は1952年にCIAに入局し、1967年まで分析官として在籍した人物である。[16] モリソンは、すでに面識があったであろうケントと総力戦研修所で同僚として勤務し（ケントは、OSSのヨーロッパ・

アフリカ研究部門の部門長を務めていた)、さらに国務省に戻った後はケナンの顧問を務めたといった経験から、もし今後、ソ連研究を継続するとすれば、国務省やCIAといった連邦政府機関とともに進める他ない、と悟ったのかもしれない。いずれにせよ、このモリソンの変転とその後の彼の動きは、ハーヴァード大学に設置されたロシア研究センターのソ連研究がいかなる「再編」を遂げたのかを理解する1つの補助線となる。これについては、第5節で検討する。

　ロビンソンとモリソンは、ソ連研究部門を実質的にも精神的にも牽引してきた支柱のごとき存在であったが、それを失ったソ連研究部門は名実ともに終焉を迎えることになった。ソ連研究部門に所属していた研究者の大学への移動は、1946年の末までに完了した。そのうち、経済学者のエイブラム・ベルクソンと社会学を専攻していたアレックス・インケルス (Alex Inkeles) は、ロビンソンが初代所長を務めるコロンビア大学ロシア研究所に、経済学者のヴァシリー・レオンチェフ、歴史学者のドナルド・マッカイ (Donald McKay)、そして政治学者のバリントン・ムーア (Barrington Moore) は、ハーヴァード大学ロシア研究センターに移籍した。彼らはのちのソ連研究におけるキーパーソンとなる (第3章参照)。

第3節　ソ連研究の「軟着陸」――コロンビア大学ロシア研究所

　OSSが解体されたのち、ロビンソンは、コロンビア大学に復職し、1946年9月、同大学にロシア研究所を立ち上げた。同研究所の設立構想は、すでに第二次大戦中から練られていた。

　ソ連研究部門の部門長を務めていた1943年10月、ロビンソンはコロンビア大学学長に「戦争が終われば世界の権力配置図が一変することは必然であり、それゆえ戦後にはソ連研究の一層の拡大が欠かせない」が、「ソ連について十分な知識を有するアメリカ市民がほとんどいない」との書簡を送っている[17]。さらに1945年4月には、再度書簡をしたため、戦後のソ連研究は、「政府から独立して『正確』で『公平』」になされるべきであり、まさにそのような機関をコロンビア大学に設置すべきと進言したのである[18]。

それと並行して、ロビンソンは資金獲得のため、大戦中からロックフェラー財団（Rockefeller Foundation）に接触していた。その際、ロビンソンは、新組織について、次の4つの構想を抱いていた。第1は、ロシア研究所では、スラブ地域の出身ではないアメリカ生まれのアメリカ人を採用することであった。それは、**第1章**でも指摘したようにロビンソンがソ連やスラブ地域からの亡命研究者は親ソ的か反ソ的かいずれかの立場にしかなく、彼らは中立かつ正確な研究とは相容れない存在であると考えていたからであった。[19] しかも採用するスタッフには、ソ連に滞在した経験とロシア語の運用能力、それに各学問領域における高度な専門家であることを求めていた。これを前提に、ロビンソンは第2の構想として、そうした研究者による学際的な研究体制を構築することを目指していた。これは、「ソ連の国力と意図は、経済的・政治的な多くの要因の相互作用の結果」であり、「ソ連においてこれらの要因は、他のいかなる国よりも、かなり強く結びついており、統合されている」ため、ソ連研究は学際的な体制の下で遂行すべきという第二次大戦期からのロビンソンの信念に基づくものであった。[20]

かかる構想を基に、1946年9月、コロンビア大学の国際関係学部内の独立部門としてロシア研究所が設置された。発足時のメンバーは、文学者のアーネスト・シモンズ（Ernest Simmons）、国際関係学者のフィリップ・モーズリー（Philip Mosely）、政治学者のジョン・ハザード（John Hazard）、経済学者のベルクソンとロビンソンの5名であった。[21] いずれも、1920年代後半から1930年代後半にかけてソ連に滞在した経験と豊かなソ連研究の経験を持った研究者であった。とくに、経済学者のベルクソンは、ハーヴァード大学に学び、1938年から1939年にかけてソ連に滞在した経験を持つ。1940年に博士号を取得したあと、テキサス大学にて教鞭をとり、1942年、**第1章**でも述べたように、当時としては珍しくマルクス経済学を専攻する研究者であったにもかかわらず、OSSのソ連研究部門に採用された。ロシア研究所では、ソ連の経済を専攻する学生はほとんどいなかったものの、次第に彼は、アメリカにおけるソ連の経済研究に関する第一人者と目されるようになる。[22]

こうした教授陣について、ロシア研究所でロビンソンの教えを受けたバーンズは、次のように回想している。「ロビンソンは［中略］ロシアに関心を持

写2-2 コロンビア大学でロシア史の講義を行うジュロイド・ロビンソン（1945年）

出所：David C. Engerman, "Know Your Enemy: American Sovietology and the Making of the Cold War" *Research Reports from the Rockefeller Archive Center* (Winter 2004/2005), 24.

ち、高等教育を受けることを望む帰還兵のために、多くの、高度で、興味を掻きたてる教授陣とプログラムを用意したのだった」。また、「帰還兵の半分以下であったが、わずかながらの若い男女もロシアについての学習をし、その4分の1は、ロシアに関するあらゆる授業を受講した」という[23]（写2-2）。このことは、ロビンソンの次なる構想と密接な関係を持っていた。

　ロビンソンの第3の構想は、ロシア研究所においては、アカデミズムの世界のみならず将来政財界で活躍するであろう学生の教育を重視することであった（写2-3）。同研究所設置前の1944年11月、ロビンソンはロックフェラー財団から支援を得るべく、同財団に設置計画書を提出した。その計画書のなかでロビンソンは、「多くのアメリカ人は、あの国［ソ連］に関する特別な理解を持つべきである」としたうえで、ロシア研究所はロシアやロシア人を理解する機会を、「主に国際貿易や国際金融」に従事しようとする人びとに開くべきであると述べた。その教育重視の姿勢を明確にするため、ロビンソンは同計画書において具体的なカリキュラムを提示している。大学院の1年目には、ロシア語を週8～10時間、ロシアの歴史、経済、法律そして政治体制についての総合科目を週4時間、そして2年目には、学生が関心を持つテーマについての授業を週2時間、それに1年目と同様の総合科目を週2～4時間学生に提供するとされていた[24]。このロビンソンの構想を伝えられたロックフェラー財団は、1944年12月、ロシア研究所に対してまず7万5千ドルと毎年2万5千ドルを、また学生の奨学金として、4万3千ドルを10人に提供することを決定した[25]。

ロビンソンの第4の構想は、連邦政府や軍部に対する関与を抑制することであった。彼は1945年以降、連邦政府機関での研究および政策立案等への参加を拒否し、またロシア研究所をソ連とはどのような国なのか、また対ソ外交はいかにあるべきなのか、といったア

写2-3 講義後に学生の質問に応じるロビンソン

出所：Engerman, "Know Your Enemy", 2.

メリカ国内の論争と関わらせないように腐心した[26]。そのことを裏づけるエピソードがある。終戦後、ロビンソンとコロンビア大学国際関係学部長（School of International Affairs）のスカイラー・ウォーレス（Schuler Wallace）は、元R&Aの部長ランガーと面会し、ソ連研究のための機関をハーヴァード大学に設置するよう求めた。ロシア研究所の設立時のメンバーであったハザードが残した記録によれば、ロビンソンらとの面会の後、ランガーはカーネギー財団の副理事長ジョン・ガードナー（John Gardner）にコロンビア大学側の要望を伝え、そのことが、次節で取り上げるハーヴァード大学ロシア研究センターの設置に向けた動きの発端となったという。この出来事について、ハザードは、コロンビア大学ロシア研究所以外の大学にもソ連研究施設を設けることで、アメリカ社会に広がりはじめていた反共主義的な圧力がロシア研究所に集中するのを避けようとの意図があったと指摘している[27]。これまでに見てきたロビンソンのロシア研究所に関する構想、**第1章**で論じたように彼が戦時機関においてFBIから反共主義的な圧力をたびたび受けていたこと、それにハザードの指摘をふまえれば、ロビンソンには同研究所への想定されうるさまざまな政治的・社会的な圧力を極力排除したいとの意図があったと見てよいであろう。

　こうしたロビンソンの姿勢は、しかしながら、ロシア研究所が連邦政府やアメリカ社会との関係を一切断ち切り、象牙の塔に閉じこもることを意味したわ

けではなかった。まずロビンソンは、国務省や国防総省から派遣された幹部や士官を学生として受け入れることには、全く躊躇しなかった。また彼は、ロシア研究所の経済学者ベルクソンがランド研究所（Rand Corporation）および空軍と共同で研究を行うことについては、一切口出しをしなかった[28]。さらに、ロビンソンは、ロシア研究所の設置後、政治との関わりを極力避ける一方で、ソ連研究の重鎮、ないしは権威であり続けようとした。そのことは、ロビンソンが戦後も AT&T、U・S スチール、JP モルガンなどの巨大企業の重役や、CIA の初代長官であるアレン・ダレス（Allen Dulles）などニューヨークの政治・外交エリートが集う東部エスタブリッシュメント（Eastern Establishment）に属し、同時に、外交問題評議会（Council on Foreign Relations）のメンバーであり続けたことからうかがえる。この評議会は、1921年に設立され、翌年から権威ある外交誌『フォーリン・アフェアーズ』（Foreign Affairs）を刊行しつつ、国際ビジネスに関わる経済界や金融界、また学界にも幅広い人脈を持ち、国務省などに人材を供給する役割も果たすなど、連邦政府の外交政策へも大きな影響力を与えてきたシンクタンクであった[29]。

　以上の事実からコロンビア大学ロシア研究所とは、第1に、歴史学や経済学といった第二次大戦期の OSS ソ連研究部門時代からロビンソンがこだわってきた伝統的な学問分野を学際的体制の下に組織し、学際的アプローチをもってソ連の実態を解き明かすといった手法を継承する機関であった。そして第2にソ連研究部門では課題として残された、ロシア語が堪能なソ連研究者や高度職業人の育成を目的として設置された機関であった。しかしながら、ロシア研究所の中心的なスタッフであったロビンソンの研究は進まず、同研究所で彼は1冊の著書も書き上げることはなかった。このことに対して、ロックフェラー財団は、1959年に「ロシア研究所に対するわれわれの研究助成の成果がまったく印象に残るもの（impressive）ではないと考えるわたしの印象（impression）は間違っているのだろうか」との表現をもって酷評している[30]。しかしながら、ロビンソンは、連邦政府や対ソ外交政策のあり方について論じるアメリカ社会から、コロンビア大学ロシア研究所を「隔離」しつつ、言わばザンズが論じるところの機関連環の制度構造に全面的に組み込まれることをよしとしなかったものの、他方、彼自身は、東部エスタブリッシュメントや外交問題評議会という

場においては、依然としてソ連研究者であり続け、また、そうすることによって、ロシア研究所に存在感と威厳を与えてきた。そうした事実からは、ロビンソンはロシア研究所において、OSSソ連研究部門時代から育て上げてきた彼なりの「ソ連研究」の防衛を図りつつ、それを冷戦初期のアメリカに「軟着陸」させようと試みたことが見えてくる。これが、冷戦初期のコロンビア大学ロシア研究所におけるソ連研究の「再編」であった。

第4節　「新たな」ソ連研究とその蹉跌
──ハーヴァード大学ロシア研究センター

　冷戦政策に傾く連邦政府や反共主義的な機運が流れはじめたアメリカ社会から距離をとったコロンビア大学ロシア研究所に対して、冷戦の論理に沿い、機関連環の制度構造に積極的に参画する形で誕生したのが、ハーヴァード大学ロシア研究センターであった。同センターの設置を主導したのは、主にカーネギー財団であった。

　カーネギー財団では、1947年6月頃から、全米の大学に地域研究のプログラムを立ち上げようとのアイディアが持ち上がった。同財団が地域研究に関心を示したのは、第二次大戦期にOSSなどの戦時情報機関が世界のさまざまな地域に関する知識を収集・蓄積し、連邦政府や軍部に提供してきたことを評価していたからであった。

　地域研究のなかでも、ソ連研究の重要性を認識していたのは、カーネギー財団副理事長のガードナーであった。カリフォルニア大学バークリー校で博士号を取得した心理学者でもあった彼は、1947年から1949年まで国連原子力委員会のアメリカ副代表を務めたフレデリック・オズボーン（Frederic Osborn）の顧問を務めていた。彼の任務は、原子力の管理をめぐる国際会議に参加し、オズボーンにソ連の思想や行動について助言をすることであった。ガードナーは、この会議を通じて、アメリカの大学で体系的かつ継続的なソ連研究プログラムの立ち上げの必要性を感じるようになった。社会学者オコンネルは、1987年にガードナー本人から、そのように感じるようになった理由について聞き出している。

わたしは、交渉を聞き、［資料を］読めば読むほど、次のことを確信することになった。それは、あの［交渉］部屋には答えはないということ、そして、アンドレイ・グロムイコ（Andrei Gromyko）[31]の交渉術を観察しても答えは得られないということに。ソ連の社会、ソ連の態度、ソ連的なものの考え方、何がソ連の選択を規定しているのかというわれわれが答えを持たない事柄について、とても多くの疑問が現れてきた。そして、わたしの心は、ソ連を理解するためのさらなる長期的な努力が必要であるという方向に向かっていった。[32]

こうした経験から、ガードナーは、1947年7月までに、行動科学という社会科学の一分野を軸としたソ連研究を構想しはじめた。それは、伝統的な学問分野の累積から産み出されるものではなく、行動科学を軸に心理学、社会学、文化人類学から構成される「新たな」ソ連研究であった。[33]そのためであろうか、彼のなかでは、第二次大戦期のOSSソ連研究部門の研究経験が顧みられることはなかった。

ガードナーは、自身の構想するソ連研究を実現できる大学を選定するため、まず1947年7月2日にハーヴァード大学の社会学者タルコット・パーソンズ（Talcott Parsons）と接触した。行動科学を中心に、心理学・社会学・人類学の知見からソ連を分析するという新しいソ連研究の方向性を模索していたガードナーにとって、当時、ハーヴァード大学で精神分析および社会のなかのパーソナリティについて社会学・文化人類学・心理学の知見を統合して解明することを目的に設置された社会関係学部の学部長を務めていたパーソンズは、自分の求めるソ連研究への理解を示す可能性の高い、まさに交渉相手にうってつけの人物に映った。事実、ガードナーの構想を聞かされたパーソンズは、「わたしは［中略］地域の研究に強い関心を抱いている」、「学際的な興味深いソ連研究プログラムを実施することは、わたしにとってとてもすばらしいことであるように思われる」などとガードナーに語っている。[34]

ガードナーはハーヴァード大学以外にも多数の大学に赴き、関係者と接触したが、心理学、社会学、文化人類学から構成されるソ連研究が可能な大学として、ハーヴァード大学とコロンビア大学、スタンフォード大学を候補に挙げて

第 2 章　冷戦初期の大学におけるソ連研究の「再編」

いた。しかし、コロンビア大学は教育を重視していること、スタンフォード大学はワシントン DC から遠いことから、ハーヴァード大学にソ連研究の研究所を設置するのが望ましいとの結論に至った。[35] その他にハーヴァード大学が選定されたのは、同大学にはアメリカの行動科学研究の第一線で活躍する、あるいは活躍が期待される研究者が揃っており、彼らがソ連研究の中核的メンバーとして重要な役割を果たすことが期待されたからであった。

　ガードナーは1947年7月30日にはパーソンズと歴史学者のマッカイと、さらに9月には文化人類学者のクライド・クラックホーン（Clyde Kluckhohn）と面会し、ハーヴァード大学との接触を重ねていく。交渉の過程でガードナーは、ハーヴァード大学側はソ連研究を主とする研究所の設置について、「かなりの興味を示して」いるという感触を得るようになった。またパーソンズに対しては、「このプロジェクトをハーヴァード大学にて実現させる可能性を心のなかで描いて」いるとの印象を持つようになっていた。[36] 一方、ハーヴァード大学側からの積極的な動きも見られた。クラックホーンは、カーネギー財団のソ連研究にとって理想的なのはハーヴァード大学であり、教授陣もカーネギー財団の提案を受け入れるだろう、とガードナーに伝えてきたという。[37]

　1947年10月6日、ガードナーとカーネギー財団理事のチャールズ・ドラード（Charles Dollard）は、クラックホーン、パーソンズ、マッカイなどのハーヴァード大学側の教授陣と面会し、彼らにカーネギー財団の2つの研究方針を伝えた。1つは、ソ連の行動を体系的に理解すべく、行動科学を中心とした学際的な研究を遂行すること、そしてもう1つは、ロシアの新聞やラジオ放送、ロシアからの帰国者へのインタビューなど考えられるすべての情報を基礎にして、現在のソ連の発展状況を集中的に、そして継続的に分析することであった。[38]

　ハーヴァード大学はこれらの要求を受け入れ、それを受けたカーネギー財団は、1947年10月16日、最初の9ヶ月間を試用期間とし、その間に10万ドルを、その後の5年間に64万ドルを提供することを決定した。[39] その一方で、ガードナーは、FBI の史料によれば、国務長官のジョージ・マーシャル（George Marshall）と1953年にその任に就くジョン・フォスター・ダレス（John Foster Dulles）にも新設されるハーヴァード大学ロシア研究センターへの支援を要請

49

していたという。また、ハーヴァード大学のクラックホーンは、後年、「ロシア研究センターへの資金供与の基盤になっていたのは、CIAであった」と述べている[40]。ここでは具体的にどのくらいの資金がCIAから提供されたのかは詳らかではないが、これらの事実から、同センターは、その初期からカーネギー財団のみならず国務省やCIA、FBIといった連邦政府の中枢機関とも密接な関係を築きつつ、設立された組織であったことがうかがえる。

こうしてカーネギー財団が事実上、ロシア研究センターの設置に支援を決定して以降、ハーヴァード大学は研究者の確保に向けて動きはじめた。これにはガードナーも加わっており、彼はシカゴやワシントンDCなどに向かい、人材確保のために動いた。本章の冒頭で言及したヒューズは、当時、連邦政府の冷戦政策を批判して国務省を辞任していたが、ガードナーとの接触、それに師匠であるマッカイの説得を経て、副所長に就任することになる[41]。こうして、1948年2月、所長クラックホーン、副所長ヒューズという布陣でハーヴァード大学にロシア研究センターが設置された。

ところが、ハーヴァード大学ロシア研究センターは、本来ソ連研究の専門家ではない研究者が多数を占める組織となった[42]。そして、そのことによって、同センターの研究はカーネギー財団の構想とは別の方向に進みはじめる。1948年2月、所長のクラックホーンは、「［ロシア研究センターの設置という］プロジェクトは、学際的（interdisciplinary）であるべきであるが、それは主に、われわれのスタッフのなかから異なる学術領域の人びとを集め、彼らによる研究を推進することを意味するものではない」と述べている。さらに、1949年には、自身の論考において、ロシア研究センターの研究原則は「ソ連研究の視野を拡大すること」であるとしつつも、重要なのはソ連研究を通して、「社会科学の方法論に貢献すること」と論じていた[43]。その結果、ロシア研究センターでは、ソ連をケース・スタディとして研究することで、そこから心理学や社会学といったそれぞれの研究者が関心を持つ領域の洗練や刷新に取り組む傾向が顕著になったのである[44]。

そのことは、パーソンズやハーヴァード大学ロシア研究センターの研究者たちが、ソ連研究よりも、「新たな」学問分野の形成の方に関心を持っていたことが要因であったが、彼らが「ソ連」に関心を示さなかったのは、1946年から

アメリカの大学で広がりはじめていた赤狩りにおいて、自己と自己の所属する組織を防衛しようとする心理が働いたためであるとも見られる。事実、ハーヴァード大学の歴史学者マッカイは、1947年7月30日に開かれたガードナーとパーソンズとの交渉に同席した際、「ロシアについて研究することの政治的反響がどこまでのものになるかを懸念する」と述べている。マッカイの口からこのような発言が飛び出したのは、おそらく彼が立ち上げ時のロシア研究センターにおいては、数少ないOSSソ連研究部門の出身者であったことと関係している。マッカイはソ連研究部門でロビンソンらとともにソ連研究に従事し、連邦政府とのつながりのなかでソ連研究に取り組む際の制約や限界などを経験していた。そして、そのことが彼をして先のような懸念を表明せしめたのであろう。いずれにせよ、カーネギー財団、国務省、CIA、FBIなど、まさに国家を挙げた支援の下で新設されたと言っても過言ではないハーヴァード大学ロシア研究センターでは、その研究理念であるところの心理学・社会学・人類学から構成される「新たな」「ソ連研究」の立ち上げは、支援者の立場から見れば蹉跌をきたしていた。

　ただ、研究活動よりも教育活動に注力していたコロンビア大学ロシア研究所とは異なり、ハーヴァード大学ロシア研究センターは、1950年代に入ってからソ連研究に精力的に乗り出すようになる。本章では、ロシア研究センターのソ連研究への「取り組み」を後押しした要因の1つとして、次節において1950年11月から翌年1月までMITで実施されたトロイ計画なるソ連研究を取り上げる。そして、トロイ計画においていかなる研究が行われ、いかなる学知が生み出され、そして、その結果、ハーヴァード大学ロシア研究センターにおいて、いかなるソ連研究の「再編」が見られたのかを明らかにしていく。これを見ることで**第3章**で論じるハーヴァード大学ロシア研究センターが軍部の支援の下で実施するソ連研究についてもより深い考察が可能になる。

第5節　トロイ計画とハーヴァード大学ロシア研究センターの「再編」

　第二次大戦時に、心理戦の一種である海外プロパガンダを取り仕切っていた

のは、1942年にOSSを分割して設立された戦時情報局（OWI）であった。第二次大戦終結後の1945年、OWIの機能はトルーマン大統領の行政命令にて、国務省の臨時国際情報局（IIS）に移管された[46]。その目的は、他国の市民に「完全かつ公正なアメリカ的生活とその目的、それに合衆国の政策を」伝えることであったが、冷戦が急速に進展するなか、1947年7月に新設された国家安全保障会議（NSC）において、ソ連や東欧諸国に対する心理戦を積極的に展開すべきとの声が上がる。そして、NSCは、1948年3月、共産主義の影響力に対抗して「世界的な反撃」を加えるべきであり、「現行の反共産主義的海外情報プログラムを集中させることが必要である」との方針を策定した[47]。その直後、1948年の夏から1949年の春にかけて、IISが運営するラジオ放送ヴォイス・オブ・アメリカ（VOA）の東欧諸国向けロシア語放送がソ連によって電波妨害されているという事実が連邦政府内で明らかになった[48]。

　時をほぼ同じくして、アメリカ社会では、雑誌などのメディアにおいて、ソ連に対する心理戦の必要性が論じられるようになっていた。たとえば、1949年12月の『ライフ』誌には、心理戦がソ連を脆弱化させるのに有効ではないか、と提言する記事が掲載されている[49]。一方、連邦政府内では、ソ連の電波妨害にいかに対抗するか、その主導権はどの省庁が持つのかをめぐって軍部と国務省が対立していたが、国務長官のディーン・アチソンはかねてよりトルーマン大統領に対し、アメリカラジオ協会などに資金を拠出して、対ソ連プロパガンダ作戦を実行すべきであると進言していた[50]。そして、その言を受け入れたトルーマン大統領は、1950年4月20日、アメリカ新聞編集者協会の席で、「世界中のあらゆる人びとを共産主義へと誘うことを目的とする強大な共産主義者のキャンペーン」に言及した。そしてVOAを「共産主義者のキャンペーン」への有効な対抗手段として挙げ、次のように述べた。

　われわれは、共産主義者のプロパガンダがわれわれをいかに描いているかではなく、われわれは、本当はどのような人びとなのかを知らせなければならない。そして自由な人びととともに奴隷のプロパガンダに対抗し、自由の大義を促進させ、維持させる努力をしていくべきである。そして、世界に真実を伝える大々的なキャンペーンを遂行すべきである[51]。

第 2 章　冷戦初期の大学におけるソ連研究の「再編」

　ここに至り、VOA は、合衆国政府において対ソ連プロパガンダのための重要な一手段と位置づけられつつ、国務省がソ連に対するプロパガンダ作戦を主導する道筋がつけられた。

　まず国務省が着手したのは、ソ連による VOA への電波妨害に技術的に対処することであった。ただ、それに先立つ1949年 3 月頃には、国務次官補のジョージ・アレン（George Allen）と MIT は、ソ連の電波妨害への対応の協議を始めていた。国務省は、その研究を MIT に委託することに決め、1950年 7 月、MIT 学長のジェイムズ・キリアン（James Killian：写 2-4）をはじめとする執行部と接触した。その場で国務省は、ソ連による VOA の電波妨害を破り、「ロシアに情報を届ける」ための研究を秘密裏に遂行するよう MIT に依頼した。

写 2-4　ジェイムズ・キリアン

出所：http://web.mit.edu/cis/pdf/Panel_ORIGINS.pdf accessed June 4, 2016

　国務省の依頼を受けた MIT は、一度学内に持ち帰って協議し、8 月 7 日、国務省のジェイムズ・ウェッブ（James Webb）国務次官に書面にて回答した。これにおいて、MIT は、国務省が求めているのは、「どのようにロシアのなかに情報を届けるか」という、主としてラジオ研究であるとの認識を示した。しかし、それに続けて、MIT は、次のように述べたのである。「鉄のカーテンの向こうに情報を届ける」という国務省からの要請を「完遂するためには、[中略] 情報を届ける問題についての全般的な問題を調査することが望ましい。[中略] MIT が引き受けたのは、技術的な研究を実施する責任だけであるが、われわれは、さまざまな研究機関から代表者を集めて」、ラジオ研究のみならず学際的な研究を遂行することを目的としている、と。この書簡は、当初はラジオ研究という技術的な研究として計画されていた研究が、MIT の側からさまざまな分野の研究を含んで展開されるものへと読み替えられる転機となったことを示す史料として重要である。この書簡を受け取ったウェッブは、8 月16日に、「われわれは、大統領が述べたキャンペーンを遂行するすべての可能な方法を開発しなければならない」との書簡をキリアン学長に送り、MIT の方

針に事実上の承認を与えた[55]。ここにおいて、この研究計画は学際的な体制の下で遂行する体制が整ったのである。MIT は、国務省が主導するこの対ソ連プロパガンダ作戦について、その目的が VOA に対するソ連の電波妨害を打ち破り、「完全かつ公正なアメリカ的生活とその目的、それに合衆国の政策を」ソ連のなかに伝えることであることから、トロイの木馬の故事にちなみ、「トロイ計画」というコード・ネームを用いることにした[56]。

ただし、MIT は、国務省の承諾を得る前から、学際的研究を遂行すべく他大学に研究者を派遣するよう依頼していた。キリアンは、8月11日、ハーヴァード大学副学長のポール・バック（Paul Buck）に書簡を送っているが、そこで国務省から依頼された研究の内容について伝えたうえで、「どのような内容の情報［をロシアに送るのか］」という問題を解決するには「情報学や心理学」の知見が必要であると述べている。これは、ソ連の VOA に対する電波妨害を打ち破り、ソ連に VOA 放送を流すためには、ソ連の政治や社会、文化などの研究も必要があることを MIT 側が認識していたことをあらためて裏づける史料である。さらに、キリアンは「この研究に重要かつユニークな貢献が可能であるハーヴァード大学の教員が存在する」と述べ、ハーヴァード大学に研究者の派遣を要請した[57]。これを受けたハーヴァード大学は、ロシア研究センター所長のクラックホーン、心理学者のジェローム・ブルーナー（Jerome Bruner）、エドワード・パーセル（Edward Purcell）、歴史学者のロバート・ヴォルフ（Robert Wolff）の4名と、顧問として中国研究者のジョン・フェアバンク（John Fairbank）を派遣することにした[58]。MIT は、ハーヴァード大学以外の大学にも研究者の派遣を求め、最終的にトロイ計画は、MIT の9名を含む総勢22名の体制で研究に乗り出すことになる[59]。

この時点で興味深いのは、トロイ計画は国務省からの依頼によって開始されたものの、計画の初期段階において、MIT の側から、国務省の冷戦政策に自ら馴化せんとの姿勢が垣間見える点である。たとえば、上述の8月11日付の書簡には、「わたし［キリアン］は、国務省によって課された問題はたいへん重要なもので、おそらくは、われわれの国家防衛計画全体においても、もっとも重要なものであると確信している」との記述がある[60]。ここでは、MIT の研究者たる「われわれ」とアメリカ国家が重ねあわせて論じられている。また8月

29日にキリアン学長からトロイ計画の責任者に任ぜられた MIT の人文学部長ジョン・バーカード（John Burchard）に送られた書簡には、「われわれの主たる義務は、政府に仕えることであり、学内の意見に従うことではない」と記されており、トロイ計画は、学問進展のための研究にとどまるべきではないとのキリアンの考えが表れている。さらに同計画の最終報告書で学生の交換留学の可能性に触れた個所には、「アメリカの生活における完全かつ公平な姿を伝えるもっとも可能性のある方法であり、その姿をもとにして、ヨーロッパの国ぐにに・わ・れ・わ・れ・の国家の性質を理解してもらい、同時にわれわれの目的を理解してもらうことができるだろう」との記述が見られる。

　このように MIT と国務省の結びつきが強くなるなか、1950年の9月に入ると、トロイ計画の開始に向けてより具体的なプランが持ち上がりはじめる。MIT 側からは、同計画の目的は「ロシアの人びとやその衛星国の人びとに伝えられているアメリカに関する情報が、真の情報とは食い違っていること［電波妨害を指す］に関わる問題を研究すること」であるとされ、あわせて、「この研究は、国務省がまさに今直面している、とても困難で複雑な問題に即時の解決策を提示すること」との認識が示された。そのようななか、第2節で触れたジョン・モリソンをトロイ計画に参加させようとの案が持ち上がる。このときモリソンは、メリーランド大学で教鞭をとっていた。MIT 学長のキリアンは、モリソンをトロイ計画に加えるべく、1950年10月19日、メリーランド大学学長のハリー・バード（Harry Byrd）にモリソンの派遣を求める書簡を送った。モリソンが請われたのは「この分野［ソ連研究］における彼の特別な知識ゆえ」のことであったが、OSS ソ連研究部門での経験も買われてのことだった。それは、「われわれは、この計画を代表して、モリソンを顧問として雇用するだろう。そしてそのことは、かつて彼が、さ・ま・ざ・ま・な・政・府・機・関・で顧問を務めてきたことにとても沿ったものとなるだろう」との記述に表れている。このキリアンの要請を受けたバード学長は、「ソ連とその衛星諸国に、この国と世界の利害の観点から見て価値があるであろう情報を届けるという計画を実施するにあたって、モリソン教授を関わらせることができるのは、われわれにとっても非常に喜ばしいことである」と答え、モリソンの招聘が決まった。

　1950年11月、ボストンの郊外にある MIT の施設、レキシントン・フィール

ド・ステーションにてトロイ計画が本格的にスタートする。計画の開始にあたり、研究チームは、ソ連による電波妨害に対抗するという国務省の要請に応えるには、専門家による技術的・社会的観点からの学術研究が必要であるとの方針を確認している[67]。研究のプロセスとしては、まずプロパガンダ活動について小グループで調査・研究を行った後、その妥当性を全体会議で議論し、その後、その結果をラジオ技術者に提供し、技術者による報告書が上がってきた後、さらにそれを全体で議論するというサイクルで進められることになった。このように、トロイ計画は、自然科学者、ラジオ技術者、社会科学者から成る学際的な体制で進められ、1951年2月に国務省に提出された4巻から成る報告書は、技術研究の報告書のみならず、社会科学的な研究成果をも盛り込まれたものとなった。

　トロイ計画の報告書では、ソ連にいかにして情報を届けるかという技術的な提言がなされるのと同時に、ソ連という国についての考察に全8章のうち1章が割かれている。それによれば、トロイ計画のターゲットはソ連の指導者であった。同章は冒頭から「ロシア全土にわたる政府組織や政府機関による関与を弱める方法」に紙幅の多くを割いていた[68]。「今日、ロシアの権力は少数の指導者集団によって握られている。彼らはロシアの意思形成に長けている。それゆえ、これらの人物たちは、われわれの政治戦にとって重要なターゲットになる」というのがその理由であった。この「指導者層の自信を喪失させる」[69]「方法」の1つとして、「離反者を生み出すこと」が提言されている。しかも、その離反者は軍出身者が望ましいとされた。なぜなら、「多くの軍人がこれ［離反］に加わった場合、西側諸国に向けられているソ連の主要な武器の信頼性に対するソ連国民の疑義を醸成させること」ができるからであった[70]。さらに、報告書にはソ連の指導者間、それに衛星諸国との間に相互不信を醸成させるという案も検討されている。たとえば、技術的な機密情報をソ連の機関に属する人物がアメリカに提供した、あるいはワシントンDCの政府高官がソ連の衛星諸国にソ連への訪問に懸念を示す書簡を用意している、といった情報を流す、言わばカウンター・インテリジェンスによって、ソ連の指導者に衛星諸国への不信感を増大させようというものであった[71]。

　とはいえ、トロイ計画は、ソ連を完全に敵視したものではなかった。事実、

第 2 章　冷戦初期の大学におけるソ連研究の「再編」

同章の終盤では、われわれはロシアについて語らなければならないとして、ソ連という国、およびソ連の人びとの性質に踏み込んでいく。「われわれは、ソ連政権の下に生まれたほとんどの人びとや、ソ連政権の下で30年をはるかに超える期間暮らしてきた人びとが、大なり小なり抱いてきた哲学や目的に理解を示すものではない」。しかし、「われわれは明示的にも暗黙的にも、共産主義は悪であるという立場や、共産主義を軽蔑するようないかなる含意も避けなければならない」。なぜなら、「ソ連の人びとは、自分たちのことを能力があり、愛国心があり、勤勉な労働者であると証明してきた」からである。そのうえでこの章は、末尾で、「アメリカ人やアメリカ政府は、〔ソ連の〕過去の世代が達成してきたものに敬意を表している」と結ぶのである[72]。このように、トロイ計画のターゲットは、ソ連全体というよりも、その統治機構および政治指導者に向けられていた。そして、ソ連国民にはアメリカを敵国と認識させることなく、「感情に訴えかけるよりも理性に訴えかけ」ることで、彼らに現体制を打倒させたうえで、ソ連を自由世界に引き込もうというのが、トロイ計画の要諦であった[73]。

　それでは、以上のような経緯をたどったトロイ計画は、ハーヴァード大学ロシア研究センターのあり方にいかなる影響を与えたのだろうか。トロイ計画に参加したハーヴァード大学社会関係学部のブルーナーによれば、同大学の研究者たちは、トロイ計画への参加を通じて、政策提言という仕事に対して意識を高揚させていたという。MIT からもワシントン DC からも離れた研究本部(「隠れ家」と呼ばれていた) に集まった研究者は、優れた知性を持つ国務長官アチソンや国務次官ウェッブをはじめとする国務省の政策立案者に対して助言することに誇りを持ち、後年にはこの計画を人生さえも変える研究であったと振り返った[74]。これらのことから、エンガマンは、トロイ計画によってハーヴァード大学ロシア研究センターの研究者の志向は変化し、ソ連研究に参入する契機になったと見ているが、実態はそう単純ではなかった[75]。たとえば、ハーヴァード大学側には、トロイ計画に否定的な声も存在し続けた。トロイ計画が終了する直前の1951年1月12日、MITの学長キリアンからトロイ計画の責任者バーカードに送られた書簡には、次のように綴られている。

57

[ハーヴァード大学のジェイムズ・] コナント学長は、契約研究 [トロイ計画] の詳細についての責任は、ハーヴァード大学より MIT が負うものであろうと考えていた。[中略] コナントは明らかにこの種の研究はハーヴァード大学の外に追いやるべき類のものであると言っていた。[76]

　この史料は、ハーヴァード大学がトロイ計画と距離を置きたいと考えていたことを示している。その根本的な理由は、トロイ計画の報告書に見出すことができる。すでに述べたように、同計画の報告書は、必ずしもソ連を糾弾する文言ばかりで埋められていたわけではなく、むしろ、ソ連の国民性自体については肯定的に評価していた。モリソンが、当初の信念とは異なるようにトロイ計画に参加したのも、ここから説明がつくように思われる。つまり、モリソンは、国務省の下で研究しようとも、第1章で触れたように、かつての OSS ソ連研究部門が作り上げたいくつもの報告書のように、ソ連について現実主義的な観点から冷静に分析できると考えていたのではないだろうか。この点は大学の研究者がソ連研究にいかなる姿勢で臨んでいたのかを考えるうえで極めて重要である。

　ところが、ハーヴァード大学ロシア研究センター、とくに反共主義にも配慮せざるをえなかったコナント学長にとっては、トロイ計画が描き出したようなソ連観を容易に受け入れることはできなかった。さらに、本章の冒頭でも述べたように、同センターは設立直後からヒューズの処遇をめぐって、反共主義的な圧力にさらされていた。ロシア研究センターの設置に関わったパーソンズが、同センターは「とりわけ攻撃されやすい位置に」あると認識していたことからもうかがえるように、[77]当時のハーヴァード大学ロシア研究センターには、トロイ計画のように現実主義的なソ連観の下で研究しようとすれば、いつ赤狩りの対象にされてもおかしくないとの危機感が存在していたのである。これらのことからすれば、同センターは、トロイ計画を経て、連邦政府の要請を受けてのソ連研究に一部向かう素地はできたように見える。しかし、ソ連を「学術研究」的な対象として分析しようという志向性は曖昧な組織となったのである。これがハーヴァード大学ロシア研究センターの「再編」であった。

第 2 章　冷戦初期の大学におけるソ連研究の「再編」

小　括　「再編」の位相

　1940年代後半という冷戦初期の時代に誕生したコロンビア大学ロシア研究所とハーヴァード大学ロシア研究センターは、それぞれロックフェラー財団とカーネギー財団という外部からの巨大資本が投入されて設立されたことは、よく知られている。また、本章で論じてきたように、ハーヴァード大学には連邦政府からの有形無形の関与があり、また MIT のトロイ計画は、国務省からの依頼と資金投入が直接になされて誕生したソ連研究の組織体であった。そうした事実からすれば、冷戦初期のソ連研究をアメリカという連邦政府と一部の社会的権威が作り上げた学知と捉える見方があるのも理解できなくはない。しかしながら、本章で明らかにしたのは、学術世界の１つである大学において、ソ連研究という新しいディシプリンをいかに根づかせ、発展させていくかという問題をめぐる大学人の苦悩と葛藤の歴史的軌跡である。その結果、コロンビア大学ロシア研究所は、研究上は、アメリカの政府や社会と距離を置くことを決意し、また、ハーヴァード大学ロシア研究センターは、トロイ計画という研究を通して、連邦政府の要請に基づくソ連研究の経験はしたものの、「学術研究」の対象としてどのようにソ連を研究するかという点においては、まだ態度が曖昧な組織であった。すなわち、総じていえば、冷戦初期のソ連研究の「再編」とは、ソ連を研究する際の学術的な立場や、そのまなざしという点については態度を保留しつつ、まずは立ち上げたばかりの組織をアメリカに定位させようという点に力が注がれた過程であった。コロンビア大学ロシア研究所が研究活動よりも教育活動に傾注したのも、ハーヴァード大学ロシア研究センターが設立当初は「ソ連」という対象に着目せず、ソ連研究の手法や分析について明確な態度を示さなかったのも、そのことの証左である。
　しかし、トロイ計画への参加に先がけて、1948年６月から８月にかけてのパーソンズのドイツ、オーストリアなどのヨーロッパ訪問が、ハーヴァード大学ロシア研究センターを本格的なソ連研究に向かわせる素地を提供することになった。それを受けて、同センターがいかなるソ連研究を遂行したのかについ

ては、次章にて論じることとする。

1) Byrnes, *A History of Russian and East European Studies in the United States*.
2) O'Connell, "Social Structure and Science"; Diamond, *Compromised Campus*; 高城和義『パーソンズとアメリカ知識社会』岩波書店、1993年；Allan A. Needell, "'Truth Is Our Weapon': Project TROY, Political Warfare, and Government-Academic Relations in the National Security State," *Diplomatic History* vol. 17, no. 3 (July 1993); id., "Project Troy and the Cold War Annexation of Social Sciences," in *Universities and Empire*, ed. Christopher Simpson (New York: The New Press, 1998); id., *Science, Cold War and the American State: Lloyd V. Berkner and the Balance of Professional Ideas* (Amsterdam: Harwood Academic Publishers, 2000).
3) 高城『パーソンズとアメリカ知識社会』、203-204頁。
4) Diamond, *Compromised Campus*, 69-70.
5) MITの国際問題研究センターの立ち上げの経緯については、Nils Gilman, *Mandarins of Future: Modernization Theory in Cold War America* (Baltimore: Johns Hopkins University Press, 2003), 156-160 に詳しい。
6) Engerman, *Know Your Enemy*.
7) Geroid T. Robinson, "USSR Division, Survey of Current and Future Work Program," 6 July, 1945, Folder 8, Box 9, Entry 1, RG 226, NARA, 1-2.
8) Dessants, "The American Academic Community and United States-Soviet Union Relations," 310.
9) M. J. Ruggles to Thomas R. Hall, 15 February, 1944, Folder 1255, Box 85, Entry 146, RG 226; Geroid T. Robinson to Thomas R. Hall, 26 February, 1944, Folder 1252, Box 85, Entry 146, RG 226, NARA.
10) Curtiss, ed., *Essays in Russian and Soviet History in Honor of Geroid Tanquary Robinson*, xvi–xvii.
11) Katz, *Foreign Intelligence*, 143 からの引用。
12) Geroid T. Robinson, "Four Years of Research on the Soviet Union in a Government Agency, Some Lessons and Conclusions (Preliminary Draft)," 3 October, 1945, Folder 2, Box 8, Entry 1, RG 226, NARA, 4-5; Katz, *Foreign Intelligence*, 140; Philip Mosely, "The Growth of Russian Studies," in *American Research on Russia*, ed. Harold H. Fisher (Bloomington: Indiana University Press, 1959), 2.
13) John A. Morrison to William L. Langer, 9 August, 1944, Folder 7, Box 9, Entry 1, RG 226, NARA; Dessants, "The American Academic Community and United States-Soviet Union Relations," 220.
14) Langer to Morrison, 11 December, 1945, Folder 2, Box 8, Entry 1, RG 226, NARA.

15) George F. Kennan, *Memoirs, 1925-1950* (New York: Bantam Books, 1969), 314, 322-323（清水俊雄訳『ジョージ・F. ケナン回顧録―対ソ外交に生きて』上巻、読売新聞社、1973年、283、290-291頁）.
16) 大野直樹『冷戦下 CIA のインテリジェンス―トルーマン政権の戦略策定過程』ミネルヴァ書房、2012年、145-146頁。
17) Geroid T. Robinson, "The Russian Institute," in *A History of the School of International Affairs and Associated Area Institute: Columbia University*, ed. L. Gray Cowan (New York: Columbia University Press, 1954), 44.
18) Byrnes, *A History of Russian and East European Studies in the United States*, 205-206.
19) その一方で、ロシア研究所は、ドイツからの亡命研究者であるヘルベルト・マルクーゼ（Herbert Marcuse）を国務省から招いてマルクス理論の講義を担当させたのち、1951年には研究員として迎えている。前川玲子『亡命知識人たちのアメリカ』世界思想社、2014年、269頁、高城『パーソンズとアメリカ社会』、393頁。
20) Geroid T. Robinson, "USSR Division, Survey of Current and Future Work Program"; Geroid T. Robinson, "Four Years of Research on the Soviet Union in a Government Agency, Some Lessons and Conclusions," NARA.
21) Robinson, "The Russian Institute," 44-45.
22) Byrnes, *A History of Russian and East European Studies in the United States*, 210-211.
23) Ibid., 213.
24) Geroid T. Robinson, "The Russian Institute," 27 November, 1944, Folder 3819, Box 321, Series 200s, RG 1. 1., Rockefeller Foundation Records (RF), Archives Center, Sleepy Hollow, NY（以下、RFAC）, 1-5.
25) JHW (Joseph H. Willits) and RFE (Roger F. Evans) interview notes from a meeting with Schuler Wallace, 7 December, 1944, Folder 3820, Box 321, Series 200s, RG 1. 1., RFAC.
26) Byrnes, *A History of Russian and East European Studies in the United States*, 38-39.
27) John N. Hazard, *Recollections of a Pioneering Sovietologist* (New York: Oceana Publications, Inc., 1984), 113.
28) Robinson, "The Russian Institute," 64.
29) O'Connell, "Social Structure and Science," 182-185; 紀平英作「西ドイツ成立への道―アメリカの対ドイツ占領政策に沿って」紀平英作編『ヨーロッパ統合の理念と軌跡』京都大学学術出版会、2004年、200頁。
30) DeVineey-Thompson Correspondence, 9 July, 1959, Folder 3831, Box 322, Series 200s, RG 1. 1., RFAC.
31) ソ連の政治家で1949年まで国連安全保障理事会のソ連代表を務めた人物。国連原子力委員会のソ連代表も務めた。
32) O'Connell, "Social Structure and Science," 167, 168-169 からの引用。

33) 高城『パーソンズとアメリカ知識社会』、202頁。
34) Correspondence of Talcott Parsons to John W. Gardner, July 2, 1947, Carnegie Corp Grant Files: Harvard University-Russian Research Center 1947, Box 164, Series III. A., Carnegie Corporation of New York Record, 1872–2000, CURBML.
35) Gardner memo, 30 March, 1948, Folder: Carnegie Corp Grant Files, Harvard University-Russian Research Center 1948–1949, Box 164, Series III. A., Carnegie Corporation of New York Record, 1872–2000, CURBML.
36) O'Connell, "Social Structure and Science," 173 からの引用。
37) Ibid., 174 からの引用。
38) 高城『パーソンズとアメリカ知識社会』、202頁。
39) O'Connell, "Social Structure and Science," 178.
40) Ibid., 186 からの引用。
41) Ibid., 180–181.
42) Byrnes, *A History of Russian and East European Studies in the United States*, 209–210.
43) Clyde Kluckhohn, "Russian Research at Harvard," *World Politics* vol. 1, no. 2 (January 1949), 267, Folder: Carnegie Corp Grant Files, Harvard University-Russian Research Center 1948–1949, Box 164, Series III. A., Carnegie Corporation of New York Record, 1872–2000, CURBML.
44) Roger Geiger, *Research and Relevant Knowledge: American Research Universities Since World War II* (New York: Oxford University Press, 1993), 50–51.
45) O'Connell, "Social Structure and Science," 173 からの引用。
46) Needell, Science, *Cold War, and the American State*, 156.
47) NSC 7, dated March 30, 1948, reprinted in *Foreign Relations of the United States*（以下、*FRUS*）: *General, The United Nations*, vol. 1, part 2, by U. S. Department of State (Washington: U. S. Government Printing Office, 1948), 547.
48) Needell, *Science, Cold War, and the American State*, 157.
49) Wallace Carroll, "It Takes a Russian to Beat a Russian," *Life* vol. 27, no. 25 (December 19, 1949), 86, 88.
50) Needell, *Science, Cold War, and the American State*, 159.
51) U. S. Department of State, *FRUS: Central and Eastern Europe, The Soviet Union*, vol. 4 (Washington: U. S. Government Printing Office, 1950), 304 からの引用。
52) Karl Compton to George Allen, 4 March, 1949, Folder: 100 Electronic Countermeasures, Box 443, Entry 341, RG 330 (Records of the Research and Development Board).
53) Needell, *Science, Cold War, and the American State*, 161–162.
54) James. R. Killian, Jr. to James E. Webb, August 7, 1950, Folder: Troy Project, 1950–1951, Box 220, MIT. Office of the President (Compton-Killian), AC 4. Institute Archives and

第 2 章　冷戦初期の大学におけるソ連研究の「再編」

　　　 Special Collections, MIT Libraries, Cambridge, MA（以下、MIT Archives）.
55）　Webb to Killian, August 16, 1950, Folder: Troy Project, 1950-1951, Box 220, AC 4, MIT Archives.
56）　John E. Burchard, "Memorandum to Dr. Foster," August 14, 1950, Folder: Troy Project, 1950-1951, Box 220, AC 4, MIT Archives.
57）　Killian to Paul H. Buck, August 11, 1950, Folder: Troy Project, 1950-1951, Box 220, AC 4, MIT Archives.
58）　George C. Marshall to Killian, 29 August, 1951, Folder 16, Box 48, AC 4, MIT Archives; Engerman, *Know Your Enemy*, 48.
59）　Massachusetts Institute of Technology, "Project Troy Report to the Secretary of State volume I: Main Report（以下、"Troy Report, vol. I" のように略記）" (Cambridge, Massachusetts: February 1, 1951), Lot File 52-283, RG 59 (General Records of the Department of State), NARA, x.
60）　Killian to Paul H. Buck, August 11, 1950, Folder: Troy Project, 1950-1951, Box 220, AC 4, MIT Archives.
61）　Killian to Burchard, August 29, 1950, Folder: Troy Project, 1950-1951, Box 220, AC 4, MIT Archives.
62）　"Troy Report, vol. I," 9.
63）　Killian to Frank R. McCoy, September 22, 1950, Folder: Troy Project, 1950-1951, Box 220, AC 4, MIT Archives.
64）　McCoy to Killian, October 2nd, 1950, Folder: Troy Project, 1950-1951, Box 220, AC 4, MIT Archives.
65）　Killian to Harry C. Byrd, October 19, 1950, Folder: Troy Project, 1950-1951, Box 220, AC 4, MIT Archives.
66）　Byrd to Killian, November 1, 1950, Folder: Troy Project, 1950-1951, Box 220, AC 4, MIT Archives.
67）　Killian to Buck, August 11, 1950, Folder: Troy Project, 1950-1951, Box 220, AC 4, MIT Archives.
68）　"Troy Report, vol. I," 43.
69）　Ibid., 41.
70）　Ibid., 43.
71）　Ibid.
72）　Ibid., 43-44, 46.
73）　Ibid., 43.
74）　Jerome Bruner, *In Search of Mind: Essays in Autobiography* (New York: Harper & Row, 1983), 210-211（田中一彦訳『心を探して――ブルーナー自伝』みすず書房、1993

年、340頁).
75) Engerman, *Know Your Enemy*, 48-49.
76) Killian to Burchard, January 12, 1951, Folder: Troy Project, 1950-1951, Box 220, AC 4, MIT Archives.
77) 髙城『パーソンズとアメリカ知識社会』、204頁からの引用。

第3章　冷戦初期におけるソ連研究の「停滞」
　　　——ハーヴァード大学難民聞き取り計画

第1節　先行研究の検討と問題設定

　本章は、1950年から1954年にかけて、ハーヴァード大学ロシア研究センターがアラバマ州マックスウェル空軍基地の空軍大学附設人材開発研究所との契約研究に基づいて実施した難民聞き取り計画（Refugee Interview Project: 以下、RIP）なるソ連研究について、立案から実行、そして中止に追い込まれるまでの一連の経緯を明らかにしようとするものである。ロシア研究センターは、人材開発研究所から約100万ドルの資金拠出を受け、ソ連空爆にあたっての都市選定を目的に、第二次世界大戦時の独ソ戦によってドイツが占領した地域から強制的に労働者としてドイツに連行されたソ連国民や、大戦終結間際の混乱で部隊から脱走したソ連兵といったソ連人「難民」を対象に、彼らが居住していたドイツやオーストリアのアメリカ占領地域、ニューヨークにおいて彼らへの面接、および彼らが記入した質問票の収集を実施した。空軍と人材開発研究所は、このRIPによって、最終的に30ほどのソ連の都市が選定されることを期待していた[1]。

　RIP は、第1章で扱った第二次大戦期の OSS ソ連研究部門におけるソ連研究および前章で取り上げた MIT において実施されたトロイ計画とは一線を画するソ連研究であった。前者はソ連の現状分析と将来の行動予測を、後者はソ連とその勢力下にある東欧地域へのプロパガンダの立案を目的とする研究であった。むろん、OSS ソ連研究部門の研究が第二次大戦期というソ連との大同盟が機能していた時期になされたのに対し、トロイ計画はアメリカとソ連の角逐が国際社会においてすでに顕在化していた時期に遂行されたものであったこ

とから、両者を同列に論じることはできない。しかし、研究の基層に存していたソ連観に関しては通じるところがあった。すでに**第1章**と**第2章**で論じたように、OSS ソ連研究部門の研究では、ソ連は理性的で合理的な国家であると見なされており、トロイ計画においては、ソ連の一般国民の理性に訴えることでソ連の指導者層を内部から崩壊に追い込むことができれば、ソ連は再び自由世界に復帰するとの見通しが示されていた。ゆえに、両者の研究は、ソ連を世界革命の実現をただ1つの目的としてそれに邁進するだけの、非合理で盲目的なイデオロギーにとらわれた、対話や相互理解が不可能な国家と見なすものではなかった。ましてや、ソ連への物理的な攻撃などは想定されていなかった。しかし、本章が対象とする RIP は、プロパガンダをはじめとする心理戦を実施したうえで、ソ連に物理的かつ直接的な攻撃を加えることを想定した研究であった[2]。

　このように、現実の戦闘を見据え、それに直結する研究であったにもかかわらず、RIP は、1953年に連邦議会から研究の意義や公金を投入する意味を追及され、また大衆からは反共主義的な批判にさらされ、さらにボストンの地元新聞を巻き込んだ論争を引き起こした結果、中止に追い込まれる。これに伴い、クライアントでありスポンサーでもあった人材開発研究所の所長レイモンド・V・ボワーズ（Raymond V. Bowers）は同所を解雇されてしまう[3]。

　この RIP を主たる研究対象としたオコンネルは、一次史料の広範な渉猟に基づいて、RIP に関わる歴史的事実をかなり丹念に調べ上げており、その後に発表された研究も、このオコンネルの研究に多くを依拠していると言ってよい。彼によれば、ハーヴァード大学の研究者たちは国家による学知への政治的関与を肯定的に捉えていたばかりか、それを積極的に推進することさえあったという[4]。また、高城は、1948年6月のベルリン危機（ソ連のベルリン封鎖に対抗してアメリカをはじめとする西側諸国による空輸作戦が実施され、米ソ間および東西両陣営に緊張が走った出来事）をドイツの地で目の当たりにし、冷戦の緊張を肌で感じたハーヴァード大学の社会学者タルコット・パーソンズによるソ連についての正確な認識を得るためにソ連研究を前進させようという意図が RIP の推進力の1つにあったと指摘している[5]。これに対し、全く異なる視点を提示しているのがエンガマンである。彼は、RIP によって「軍部とアカデミックの間」

に亀裂が生じたと指摘する。エンガマンは、RIP が連邦議会から共産主義にまみれた研究であるとして激しく攻撃され、中止に追い込まれた点に注目し、これを第二次大戦期から築かれてきたアカデミズムと国家との関係の破綻という文脈で理解している[6]。

　オコンネルと高城、それにエンガマンがいかなる意味で対置されうるのかを理解するには、近年の大学史研究の潮流についての理解が必要である。**序章**でも述べたところであるが、ここで再度簡単に振り返っておきたい。冷戦期のアメリカの大学についての史的研究は、大別すれば、次の2つの研究群に分けることができる。1990年代まで活発であった第1の研究群は、冷戦期のアメリカの大学が連邦政府や社会が持つ権力の支配下に置かれており、研究活動におけるイニシアティブを失っていたことを批判的に解するものであった。これに対し、1990年代後半以降に顕著となった第2の研究群は、大学人の主体性を重要視するものである。これらの研究は、冷戦期の大学人が新しい学問領域の開拓とそれに必要な資金の獲得に邁進していく過程で、アメリカの国策や学術世界における冷戦秩序の形成にも関与することになったとして、大学人にその責任の一端を課すものである。

　以上のアメリカ大学史研究の全体像をふまえて、RIP に関する先行研究を検討すると、まずオコンネルの研究については、RIP というソ連研究を単なる冷戦の産物と捉えてよいかという疑問がある。こうした見方は、第2の研究群によって批判されて久しいものでもある。また高城の研究は、研究者、とくにパーソンズの理念や思想、行動に注目して叙述を展開しているものの、パーソンズが連邦政府の冷戦政策を内面化していたような記述が散見される点において、オコンネルと同じく RIP を冷戦の産物と捉えているものと見られる[7]。一方、エンガマンの研究に対しては、第二次大戦中から築かれてきた国家と大学との関係が、RIP をもって破綻したという指摘に違和感を覚える。**第2章**にてすでに指摘したように、国家とソ連研究との関係は、第二次大戦の終結とともに一度リセットされ、研究に従事する者や研究所などの組織的な側面も、また学知の側面も「再編」されていた。ゆえに、第二次大戦期から続いてきた国家と大学との関係が RIP によって破綻したとするエンガマンの見方は、彼自身がソ連研究の歴史を直線化ないしは単純化して捉えていることを図らずも露呈

してしまっているのである。さらに彼は、RIP の成果として1957年に出版された『ソ連の制度はどのように機能しているか──文化的、心理的、社会的な問題に即して』（以下、『ソ連の制度』）には、新聞や雑誌から好意的な書評が寄せられたこと、そして、ロシア研究センター内部において RIP は成功したプロジェクトだったとの評価が広がったという事実を紹介し、これらを根拠に『ソ連の制度』は「1950年代後半に出版された［ソ連研究の］研究書や論文の主流を形成した」との評価を下している[8]。しかし、RIP の結果として形成されたソ連研究に対するエンガマンのこうした見方は、RIP が国家と学知との間でなされたという事実を捨象し、学知に寄り過ぎた解釈のように思われる。

　かかる先行研究の現状をふまえ、本章は、まず RIP の歴史的経緯を、従来不明瞭であった RIP を取り巻く人的関係、具体的にはハーヴァード大学の研究者とクライアントであった空軍および人材開発研究所との人的ネットワークの存在に焦点をあわせて解明する。本章で論じる人的ネットワークは、ザンズの言う機関連環とも互換的な考察が可能であろう。そのうえで、その人的ネットワークの緊密性ゆえに RIP が中止に追い込まれ、さらに、RIP の成果としてまとめられた『ソ連の制度』などは、冷戦期ソ連研究の「主流を形成した」ものではなく、ソ連人難民へのインタビューという貴重な資料を用いながらもソ連の制度や社会に対する画期的な視座や知見を提示することができなかったという意味で「停滞」に陥った研究であったことを論じる。

　なお、本章は、基本的にハーヴァード大学文書館で収集した一次史料を用いる。だが、所在が不明な史料、また存在が確認されても閲覧に制限がかけられている史料が存在する。それらについては、オコンネルと高城、それにエンガマンの研究を利用し、引用等を行った箇所がある。しかし、彼らの研究から得たものはあくまでも一次史料に基づいた「歴史的事実」のみであり、本章における RIP の歴史的理解は、筆者の独自の見解であることをあらかじめ断っておきたい。

第2節　難民調査研究出現の文脈

写3-1　タルコット・パーソンズ

（1）　難民調査というアイディアの出現

　本節では、ハーヴァード大学において、ドイツとオーストリアに居住するソ連人難民調査という研究が出現する文脈を明らかにする。ここではハーヴァード大学のパーソンズ（写3-1）が重要な役割を果たすが、それは**第2章**で言及したようにパーソンズはロシア研究センターの設置にあたってハーヴァード大学側を代表して折衝する立場だったためである。その後も同センターの方向性に大きな影響力を与えることになる。

　ロシア研究センターの設置後、パーソンズ自身はロシア研究センターには加わらなかったものの、同センターの執行委員としてセンターの運営に携わっていた。また彼は、センターの研究内容やその方針を議論する「ロシア・セミナー」に常に参加し、さらに彼の妻であるヘレン・パーソンズ（Helen Parsons）がその議事録をとっていた。

　1948年2月6日、第1回ロシア・セミナーが開催された。ロシア・セミナーは、パーソンズ、ロシア研究センター所長で文化人類学者のクライド・クラックホーン、所員で歴史学者のドナルド・マッカイ、公共政策大学院の長で経済学者のエドワード・メイソンの4名で構成されていたが、彼ら以外のハーヴァード大学の教員も随時参加していた。この第1回の会合では、向こう5年間でいかなる研究を実施するのかが議題の1つに挙がった。まず政治学部長のマール・フェインソッド（Merle Fainsod）が「ソ連共産党の組織と動向」という研究テーマを提案した。これに続く形で、のちにRIPを実質的に牽引することになる社会学者アレックス・インケルスが、ロシア研究センターのスポンサーであるカーネギー財団の意向を見極めたうえで、①われわれは、ワシントンDCの政府機関のような情報提供機関に徹しなければならないのか、②われ

われ自身が考えた研究課題を実行することは求められているのか、③われわれが重要と考える学術的課題に、われわれの持つさまざまな学術領域から接近することはできるのか、という疑問を提起した。クラックホーンは、インケルスの①の疑問については完全に否定をし、そして１つの学問分野において研究を展開しようとする②と学際的体制でもって研究を遂行しようとする③とは矛盾するものではないが、答えを出すには長い時間を要するであろうと述べた。[9]

続く２月13日の第２回ロシア・セミナーでは、冒頭でインケルスがソ連研究の問題点を挙げたうえで、ソ連という国の複雑な性格を解きほぐすには、①ロシアと宗教との関係に着目し、それがいかにして社会主義国家建設に結実したのかを明らかにする研究、②農村における集団化とそれに付随する諸問題の研究、③ソ連政府がいかにして強力な国家体制を維持しているのか、またいかにして脆弱な点をいかにコントロールしているのかを明らかにする研究、などに取り組む必要があると発言した。加えて、これらの研究の基層には「ソ連の指導者はいかにしてソ連の制度のなかで生じる不満を処理しているのか」という問題が存在しているのであり、この問題を、先の３点の研究を通じて解明すべきであるという、彼の問題意識を披瀝した。これを受けて出席者からインケルスにさまざまな質問が寄せられた。まずフェインソッドは、ソ連国民の不満を解明する調査方法について質問した。続けて、別の出席者は、ソ連人を対象としたフィールド調査の実施を提案した。これに対し、インケルスは、研究者個人がソ連領内に入ること自体がすでに困難になっているという現状を説明したが、クラックホーンが、まずはアメリカ在住のソ連人難民等への調査というアイディアを提示した。[10] これが RIP 出現の１つの文脈になるのである。

（２）パーソンズの渡欧目的

本項では、RIP 出現の第２、第３の文脈を明らかにするため、パーソンズが1948年６月19日から８月22日にかけて、ドイツとオーストリアを中心とするヨーロッパを歴訪した目的を探る。第２回ロシア・セミナーでの議論の約４ヶ月後の1948年６月、パーソンズはヨーロッパの地にあった。パーソンズが渡欧した目的の１つは、オーストリアのザルツブルグで開催される「アメリカ文明に関するハーヴァード・ザルツブルグ・セミナー」に参加することであった。

第3章　冷戦初期におけるソ連研究の「停滞」

図3-1　第二次大戦後のドイツの分割占領

注：アメリカはドイツの中部から南部にかけての地域とオーストリアの北東部を占領した。
出所：油井大三郎・木村靖二「現代世界のなかの西洋」近藤和彦編『西洋の歴史』山川出版社、1999年、370頁。

しかし、彼の渡欧には、また別の目的があったと考えられる。結論を先取りして言えば、それは、ソ連人難民と接触し、彼らを対象とした調査の実現可能性を探ることであった。

第二次大戦終結直後のドイツには、大戦末期にドイツがそれまで占領していたソ連領土から撤退する際に労働者として強制連行した者、それらの地域にソ連軍が進撃してくる前に自ら逃亡した者、赤軍からの逃亡兵など800万から900万人のソ連人難民が存在していた（図3-1）。大戦終結直後から彼らの帰還は始まり、1945年末までには700万人以上が帰国したが、パーソンズがドイツに着いた1948年には、研究によってその数には大きく差があるものの、4万人から100万人が難民キャンプで生活していた。この難民には、ドイツ支配領域において、ナチス親衛隊の下部組織の一員として活動していた者や、ラトビア、

71

リトアニア、エストニア、ポーランド、ハンガリー、チェコスロヴァキア、クロアチアの出身で、後述するウラソフ運動に加わっていたため、母国への帰還が困難になっていた人びとも含まれていた。

こうした状況のなかで、ロンドンを経由して、ベルリン危機の4日前である1948年6月20日にミュンヘンに入ったパーソンズはソ連人難民と接触することになるが、このパーソンズの行動目的を理解するには、前項で取り上げた第2回ロシア・セミナーでの議論、およびロシア研究センターと国務省、ならびに軍部との関係に目を向ける必要がある。

まず、国務省との関係から見ていきたい。パーソンズのヨーロッパ到着から遡ること約3ヶ月前の1948年3月4日、国務省政策企画室室長ジョージ・ケナンの下に集った政策企画官の1人、ジョン・デーヴィス（John Davis）が「アメリカの国益におけるソ連難民の有効活用」（以下、「ソ連難民の有効活用」）という報告書を完成させた。このなかで、デーヴィスは次の3つを提案していた。第1は、ソ連の機密情報を入手すべく、国務省、陸軍、海軍、空軍、CIAがソ連世界からの難民を調査する計画を立案すべきこと、第2は、社会科学研究評議会やアメリカの学者が難民となったソ連人社会科学者を50名程度選抜してアメリカに入国させるべきこと、そして、これに関連した第3の提案は、合衆国に入国させたソ連人社会科学者をワシントンDCに立地する社会科学の研究所で雇用すべきことであった。しかし、ソ連人難民のなかには、第二次大戦中にナチスの戦争犯罪に加担した者も少なくなく、それは社会科学者とて例外ではなかった。そこでデーヴィスは、この報告書において、国務省・陸軍・海軍・空軍4省調整委員会に、ソ連人社会科学者がアメリカに問題なく入国するために便宜を図るよう要請したのである。

政策企画室のこのアイディアは、報告書の完成前にハーヴァード大学にも伝えられていた。また実のところ、ロシア研究センター設置の約半年前である1947年10月末、クラックホーン、カーネギー財団のガードナー、それに理事のチャールズ・ドラードらは、国務省が難民となったソ連人社会科学者の受け入れについて同センターに要請することがあった場合、同センターはその準備があると回答する旨、申し合わせていた。こうしたハーヴァード大学側の動向を察知したかのように、1948年1月6日、デーヴィスはハーヴァード大学を訪

れ、クラックホーンと歴史学教授のマッカイに自己のアイディアを開陳したのである。デーヴィスはその場で、ソ連からの研究者を活用することによってソ連研究の一層の発展が可能であると述べ、難民社会科学者受け入れの打診をしている。[15]「ソ連難民の有効活用」は、デーヴィスとハーヴァード大学側の議論を経て作成されたものとも言える。

こうした事実をふまえると、1948年6月中旬から8月下旬にかけてのパーソンズの渡欧の1つには、国務省政策企画室の「ソ連難民の有効活用」計画を実施するための準備作業、すなわちドイツとオーストリアでソ連人難民の知識人と接触し彼らの力量を見極め、ハーヴァード大学ロシア研究センターで雇用できるかを推し量るという目的があったものと見られる。[16]

パーソンズは最終的に50名以上の難民と接触することになるが、その多くが庶民ではなく専門家や知識人であった。[17]本章では、そのなかの、3名のソ連人知識人に注目する。6月20日、ミュンヘンに到着したばかりのパーソンズは、まずレオ・デューディン（Leo Dudin）と面会した。キエフ大学の言語学教授だったデューディンは、1943年頃からベルリンでナチスの宣伝省に勤務し、ナチスの対ソ連プロパガンダ作戦実施のために、ロシア語のリーフレットやラジオ放送の原稿作成に携わっていた。しかし、第二次大戦末期にソ連軍がベルリンに進撃してくると、ウラソフ運動にも関与していたこともあり、ベルリンからの逃亡を余儀なくされた。

ウラソフ運動とは、ソ連の指導者ヨシフ・スターリン（Joseph Stalin）を打倒し、自由で民主的なソ連を打ち立てることを目指した運動であった。この運動を率いたアンドレイ・ウラソフ（Andrei Vlasov）は独ソ戦にあたりソ連軍の将軍としてナチスと交戦していたが、1942年7月にナチスに降伏し、その捕虜となる。獄中で彼は、多くのソ連人の命が失われた元凶はスターリンにあると思いはじめ、政権打倒を計画するようになる。ウラソフは、ナチスにソ連人部隊の創設とその指揮権を自分に委ねるよう求めたが、ナチスは、ソ連人部隊の指揮権はウラソフでなくナチス親衛隊のトップ、ハインリッヒ・ヒムラー（Heinrich Himmler）に握らせたいと考えていた。そのため、ウラソフの提案はなかなか聞き入れられなかった。その後、1945年1月になって、ウラソフはようやく2個師団の指揮を執ることが可能になった。しかし、そのころにはドイツの敗戦

73

はほぼ濃厚になっており、1945年5月、ウラソフ軍はアメリカ軍とソ連軍に挟撃されてしまう。ウラソフはソ連によって捕えられ、その後、秘密のうちに処刑された[18]。

デューディンとの面会の翌日、南部の都市ガルミッシュに赴いたパーソンズは、その地でセオドア・ホフマン中佐（Lt. Col. Theodore Hoffman）の、また別の日には、ハイデルベルクでアメリカ欧州軍情報部門の副司令官で大佐のロバート・スコウ（Col. Robert Schow）の知己を得た。スコウは、のちにCIAの副局長となる人物であった[19]。当時、ドイツとオーストリアの一部を連合国およびソ連とともに分割占領していたアメリカ軍政部は、占領開始時から難民からのソ連の機密情報の収集を最優先の課題に位置づけ、すでに難民、とくに専門家や知識人との接触を図っていた[20]。ホフマンら軍政部と、デューディンを含め本章で取り上げる3人のソ連人難民はいずれも、ソ連に関する情報を渡す見返りに報酬を受け取るという雇用関係にあった[21]。すなわち、パーソンズのソ連人知識人との接触は、アメリカ軍政部の仲介によって可能になったのである。事実、デューディンとの面会をセッティングしたのは、ヘンリー・ニュートン大佐（Col. Henry Newton）であった[22]。これらを勘案すれば、パーソンズは、国務省の「ソ連難民の有効活用」のみならず、ロシア研究センターが、ドイツとオーストリアでソ連人難民に対する調査を実施する際に必要となるアメリカ軍政部との人的コネクションを構築することも、その渡欧目的の1つに入れていたと考えられる。

人的コネクションの構築という意味では、パーソンズが同行させていた学生も重要である。このヨーロッパ歴訪にあたってパーソンズは、当時、ハーヴァード大学社会関係学部の大学院生で、のちにRIPを牽引する1人となるレイモンド・A・バウワー（Raymond A. Bauer）を同行させていた。バウワーは、オーストリアを分割占領しているソ連軍に関する情報を得ることのできる人物とのコネクションを築く目的からウィーン大学に入学する[23]。

さて、パーソンズが彼らアメリカ軍将校の手引きで面会した第2の人物は、元ソ連軍大佐でナチスの捕虜となり、ウラソフ運動に参加していたため帰国できずに難民となっていたウラジミール・ポスドゥニヤコフ（Vladimir Pozdniakov）であった。彼は、当時、ミュンヘンの元ソ連軍将校120名を束ねる立場にあっ

第 3 章　冷戦初期におけるソ連研究の「停滞」

たといい、ソ連軍の専門家としてパーソンズと面会した。そして第 3 にパーソンズが面会したのは、「N 氏」(Mr. N) という人物であった。パーソンズは、渡欧中に、その内容を記した書簡をロシア研究センター所長のクラックホーンに頻繁に送付している。これは、ロシア研究センターの所長職にあったクラックホーンに対して、情報提供として形式的に送られたものと言うより、学問的な理念を共有し、親密な関係にあった彼に、ロシア研究センターの研究の方向性を示唆するための書簡でもあった。

　パーソンズは、1948年 6 月27日付のクラックホーン宛て書簡において、これら 3 名のソ連人難民と接触したことを伝え、N 氏については名前を伏しつつも、「ソ連政府における驚くほど高い地位の高官」であると綴っている[24]。さらに、ホフマンらアメリカ軍の情報将校は、デューディンら 3 人のソ連人難民を「われわれの味方に引き入れるならば、合衆国にとってより有用となるだろう」と考えている、と記している。加えて、パーソンズは、デューディンら 3 人がハーヴァード大学で職に就くことを望んでいることも書き記していた[25]。

　このように、パーソンズの渡欧には、「ソ連難民の有効活用」計画の実施、すなわち、難民のなかでも高度な専門的知識を持つ人びとをハーヴァード大学で雇用可能か否かを判断すること、そしてヨーロッパでの難民調査に必要なアメリカ軍政部との関係構築という第 2 、第 3 の目的が存在したのである。しかしながら、ソ連人難民を研究者としてアメリカで受け入れるという計画に関しては、それ自体がかなり論争含みなアイディアであった。国務省が「ソ連難民の有効活用」でも認めていたように、第二次大戦期にナチスの戦争犯罪に関与していた社会科学者がアメリカに入国する可能性を排除できなかったからである。パーソンズも、6 月27日付のクラックホーン宛て書簡において「私は正直なところ、その件［ソ連人 3 人をハーヴァード大学で雇用すること］については非常に用心している」と漏らしている[26]。

　しかし、パーソンズの帰国後、ロシア研究センターはデューディンとポスドゥニヤコフとある契約を結ぶことになる。それは、彼らにドイツでソ連人難民を調査して報告書を作成し、同センターに送付することを求めるものであった。ただし、この契約は、将来的にロシア研究センターが彼らをアメリカに入国させることも、また彼らを雇用することを保証するものでもなかった。事

75

実、ロシア研究センターは、1950年7月、デューディンとポスドゥニヤコフとの契約関係を解消した。彼らの力量がハーヴァード大学の求める水準に達していなかったことがその原因とされた。ただ、彼らの能力をどのような基準で評価したのかを示す史料は存在しないことから、これはロシア研究センターが国務省の意に反し、デューディンとポスドゥニヤコフがアメリカに入国し、ハーヴァード大学で職を得るという事態を水際で食い止めた行動であったとも言える。

このようにパーソンズは、ソ連人難民への警戒を示していたが、面会した3者への評価はおしなべて同じではなかった。その素性については現時点でも不明であるN氏へのパーソンズの評価は、デューディンとポスドゥニヤコフに対するものとは明らかに異なっていた。それを証明するかのように、パーソンズは、N氏と知り合って1年後の1949年8月、彼のハーヴァード大学での雇用の可能性を探るため、副学長のポール・バックとの面会に臨んだ。しかし、バックは、「ハーヴァード大学は、彼［N氏］をアメリカ合衆国に入国させることについての一切の責任を負うことはできないだろう」とパーソンズに告げたのであった。さらにクラックホーンもN氏の入国にあたって必要な書類等は一切書かなかった。ここからは、この時期のハーヴァード大学に政策企画室の計画に安易に同調せぬという機運が存在したことをうかがうことができる。

(3) 難民聞き取り計画の出現

もっとも、パーソンズはN氏をハーヴァード大学に招くことに固執していたわけではなかった。渡欧中にクラックホーンに宛てた書簡において、パーソンズは次の4つの提案をしている。それは、①ロシア語が堪能なハーヴァード大学の研究者のうち、少なくとも1人を数ヶ月間ドイツに派遣し、詳細な調査を実施すること、②同大学の何人かをソ連の諸問題に関する報告書の作成に従事させること（以上、1948年6月27日付書簡）、③ロシア研究センターの代表部をドイツに置き、そこでソ連人難民を調査すべきこと（6月30日付書簡）、そして、④その任は、パーソンズと旧知の仲であるフェインソッドに依頼し、1949年の春学期に実施すべきこと（7月15日付書簡）であった。

このように、第2回ロシア・セミナーでの議論に端を発し、国務省政策企画

第3章　冷戦初期におけるソ連研究の「停滞」

室の「ソ連難民の有効活用」計画で提示されたソ連人専門家・知識人難民をハーヴァード大学で雇用するか否かといった問題を含みながら、ヨーロッパにおけるパーソンズの軍部との人的コネクションの構築ならびに難民との接触を通じて、ドイツとオーストリアに居住するソ連人難民への聞き取り調査の実施に向けた機運がロシア研究センターのなかで徐々に醸成されてきた。さらにこの方向性を後押ししたのは、パーソンズから送られてくる書簡に学問的な面で触発されたクラックホーンであった。

　文化人類学者であったクラックホーンにとって、ヨーロッパに滞在中のパーソンズから次々と送られてくる書簡は、ロシア研究センターの存在意義を世に示す可能性を大いに秘めたものに映った。別言すれば、ドイツのアメリカ占領地域でのソ連人難民との接触の報告などを伝えるパーソンズの書簡によって、クラックホーンも難民となったソ連人に着目して調査・研究することの意義と有効性を感じるようになったのである。1949年、クラックホーンは、ロシア研究センターは第一義的には行動科学のさらなる進展のために存在しているのであり、同センターの主要な目的はロシアの制度と人びとの行動ついての洞察を得ることであるとして、ロシア研究センターを行動科学の研究機関と位置づけていた。[31] 行動科学の研究にあたっては、ソ連の人びとについての詳細な情報が必要であったが、パーソンズの渡欧時には、すでにそうした情報は容易に入手できるものではなくなっていた。[32] そこで、クラックホーンはソ連国民の心情と行動の結節点を探り、彼らソ連国民の行動様式の体系的な理解を目指して、ドイツとオーストリアのアメリカ占領地域に存在する難民に着目して研究することに、行動科学のさらなる発展の可能性を見たのである。

　こうしたクラックホーンの意向を現実化させる動きが始まった、1949年夏、クラックホーンとパーソンズがドイツとオーストリアのアメリカ占領地域に赴き、予備調査を開始した。また、フェインソッドとポール・フリードリッヒ（Paul Friedrich）はソ連難民との面接に臨んだ。さらに、ロシア研究センター研究員のジョージ・フィッシャー（George Fisher）はソ連からの亡命知識人たちによって設立され、CIAからの資金供与を受けていたミュンヘン・ソ連歴史文化研究所との関係構築を目的にミュンヘンを訪ねた。すでに述べたように、ロシア研究センターは1950年7月をもってデューディン、ポスドゥニヤコフとの

調査・研究契約を解除するが、ロシア研究センターは彼らに代わる研究リソースを、ミュンヘン・ソ連歴史文化研究所を通じて入手しよう考えていたのである[33]。

1949年のこのハーヴァード大学の研究者たちによる調査は、「大規模な面談調査の価値と可能性」を示すものではあったが、この時点では軍部などからの資金援助は受けていなかった[34]。この後、ロシア研究センターと空軍を結びつける役割を果たすことになるのが、空軍大佐のレイモンド・スリーパー（Col. Raymond Sleeper）とクラックホーンである。

第3節　ハーヴァード大学と空軍の関係構築

スリーパーは、第二次大戦後、パーソンズが長を務めていたハーヴァード大学社会関係学部の修士課程に入学し、ゴードン・オルポート（Gordon Allport）の心理学の授業をはじめ、パーソンズやクラックホーンの授業を受講し、1949年にハーヴァード大学から修士号を授与された空軍将校であった。空軍に戻った後、スリーパーは、ハーヴァード大学で身につけた心理学の知見を空軍の戦略、わけても心理戦における航空機による爆撃研究に応用したいと考えるようになった[35]。ソ連を空爆することでソ連国民の心理を「制御」しようとする案はすでに国務省と軍部が検討を開始していたが[36]、スリーパーの存在によって、この案にハーヴァード大学ロシア研究センターが組み込まれていく。ただ、ハーヴァード大学側にも空軍との関係構築を進めた人物が存在した。クラックホーンである。

クラックホーンは、第二次大戦中の1942年6月にOSSを分割して設立されたOWIに所属し、1944年には、陸軍情報部と連携して敵国、とくに日本の士気分析を進めていたOWI内の海外士気分析部門の副部門長を務めた[37]。その後、1945年にはOWIの局長に就任し、日本に対する心理戦の計画と実施の責任者となった[38]。この海外士気分析部の成果としてよく知られているのは、1946年に発表されたルース・ベネディクト（Ruth Benedict）の『菊と刀—日本文化の型』である。ベネディクトのこの仕事ぶりを目の当たりにした社会科学者

第 3 章　冷戦初期におけるソ連研究の「停滞」

は、戦略的な情報分析には既存の学問分野の枠を超えた研究が有効であると認識するようになった。[39] コロンビア大学の文化人類学者マーガレット・ミード（Margaret Mead）も、またハーヴァード大学のパーソンズも、OWI の「活躍」によって、他の機関とも連携して大規模な研究を展開し、これまでにない学問分野を創出する必要性を感じたのであった。[40] カーネギー財団からロシア研究センターの設置を持ちかけられたパーソンズがそれに応じた理由の一端はここにあった。

　パーソンズと同様に、あるいはそれ以上にクラックホーンは、設置後のロシア研究センターに行動科学を中心とした新しい学問分野を植えつけようと、並々ならぬ意欲を燃やしていた。前節の（3）でも述べたように、在欧中のパーソンズから送られてくる書簡に触発されて、クラックホーンは、ドイツとオーストリアにおける難民調査の実施を今か今かと待ち受けていた。しかし、その一方で、彼は、1950年11月から開始された MIT のトロイ計画に参加することにもなった（第 2 章第 5 節参照）。これが彼にとっていかに迂遠な研究に映ったかは想像に難くない。クラックホーンからすれば、従来の学術領域から専門家を集めて、学際的体制で研究を遂行していたトロイ計画は、自己の目指す行動科学的ソ連研究とは相容れないものだったのである。[41]

　ちなみに、スリーパーも別の理由からトロイ計画に不満を抱いていた。それまで心理戦は、たとえば、ソ連の上空から投下するリーフレットやラジオ放送 VOA を用いるもの、つまり、武器を用いた破壊工作に代わる「戦争」と捉えられていた。MIT のトロイ計画は、まさに心理戦をそのように理解したうえで遂行されたソ連研究であった。しかし、スリーパーは、政府や軍部が「空軍力が及ぼす重大な政治的・心理的側面をほとんど無視している」ことに不満を示し、心理戦は航空機爆撃といった物理的攻撃をも含めたものとして理解すべきと考えていた。[42] それゆえ、彼の目にはトロイ計画は問題の解決には程遠いものに映った。もっとも、スリーパーの「心理戦」の捉え方に対しては、実際の戦争によってではなく、ソ連とその衛星諸国の内部に分裂や危機感を醸成して、内側からソ連政府を崩壊させる方策が望ましいとの、トロイ計画の報告書とも通底する考えを持っていた国務省のケナンやチャールズ・ボーレン（Charles Bohlen）らから反対の声が上がった。[43] しかし、スリーパーはケナンらの意見に

79

耳を傾けることなく、ソ連を空爆する際の都市を策定するための研究が可能か否かをロシア研究センターに打診することを構想しはじめる[44]。

クラックホーンに話を戻したい。彼が空軍との関係を築いたのは、連邦政府内に設置された研究開発委員会という組織においてであった。第二次大戦期の研究経験を通じて、OWIの研究者が社会科学の大規模な組織化の必要性を認識したのと同じく、軍部も軍事作戦の遂行にあたっては、より多くの科学的知識の組織化が必要であるとの教訓を得ていた。あわせて、軍部は、陸軍、海軍、陸軍航空隊の連携の必要性も認識するようになっていた。

1947年に成立した国家安全保障法は、こうした軍部の認識を具体化する道を拓くものであった。同法は、よく知られている国防省（1949年からは国防総省）の設置、空軍の陸軍からの独立に加え、国防省内に研究開発委員会を設置することを定めていた。同委員会は、①軍事関係の研究開発を計画し、国防省に提出すること、②安全保障に関わる科学研究のあり方について提言すること、③陸軍、海軍、空軍が連携した研究開発計画を策定することを設置目的に据えていた[45]。

この研究開発委員会が、クラックホーン、ひいてはハーヴァード大学ロシア研究センターと空軍を結びつける舞台となる。クラックホーンは、パーソンズがヨーロッパから帰国したあとの1949年1月から同委員会の顧問に就任した。そして、彼の就任をきっかけに、空軍は社会科学研究の軍事的価値に懐疑的な一部の情報将校を除いて、クラックホーンとの関係を密にしていく。やがて両者は、喫緊の国際問題を解決するために社会科学を応用することの有効性について認識を同じくする[46]。時をほぼ同じくして、空軍の作戦行動に社会科学の知見を取り込むことを目的に1949年、アラバマ州のマックスウェル空軍基地の空軍大学の下に人材開発研究所が創設される。

同研究所の所長に就任したのは、レイモンド・V・ボワーズであった。1934年にミネソタ大学から社会学の博士号を授与されたボワーズは、コロンビア大学やイェール大学で研究に従事した後、第二次大戦期には戦時機関に所属し、戦後は研究開発委員会に在職していた。彼は、研究開発委員会においてクラックホーンとの面識もあった。重要なのは、彼が社会科学を空軍の作戦行動に活用しようというスリーパーの信念に共感していたことである[47]。1950年6月29

日、スリーパーの要請を受け、ボワーズが所長を務める人材開発研究所は、ソ連を空爆する場合、「どの都市を爆撃すべきか、あるいは爆撃しないほうがよいか」を明確にするための研究をハーヴァード大学ロシア研究センター正式に依頼し、研究契約を結んだ。ここから RIP が始動するのである。

ただし、スリーパーが1950年3月にクラックホーンに送った書簡を見ると、すでにその時期から RIP と空軍との間に微妙な距離が存在していたことがうかがえる。スリーパーは、クラックホーンに「[人材開発研究所所長の]レイモンド[・ボワーズ]は、3月6日、私にあなたの研究計画はこれまで彼が受け入れた研究のなかでもっとも入念に、かつもっともよく練り上げられた計画である」として絶賛したことを伝えている。またスリーパー自身も、ボワーズが RIP に積極的に乗り出したことを「個人的にとても嬉しく思っています」と綴っている。しかし、続けてスリーパーはクラックホーンに次のような注文をつけたのである。それは、「あなたの仕事を支援するにあたり私が唯一お願いしたいのは、いくつかの軍事的な問題についてあなたがいかなる方法によってそれを解決しようとしているかを、軍部があなたに回答を迫ってくる前に熟慮しておいてほしいということです」というものであった。しかし実際には、次節で見ていくように、クラックホーンを含むロシア研究センターの研究者は、スリーパーやボワーズとは異なる目論見を持っていた。そして、そのことが、RIP を中止に追い込む大きな要因となるのである。

第4節　迷走する RIP

(1) RIP の陣容

ハーヴァード大学ロシア研究センターにて RIP を主導したのは、表向きは所長で計画責任者のクラックホーンであったが、実際の調査研究においては、やはりソ連専門家の専門的知識が必要とされた。それに適任とされたのはインケルスであった。ニューヨークのブルックリンで育った彼は、文学者アーネスト・シモンズが1943年から1944年にかけてコーネル大学で開催した「現代ロシア文明の集中的研究」なる夏期セッションへの参加をきっかけにソ連の研究

に関心を持つようになった。[50] その後、OSS ソ連研究部門の部門長ジェロイド・ロビンソンに才能を見出され、同部門の分析官に就任する。大戦終結後、インケルスは、ロビンソンからコロンビア大学ロシア研究所に誘われ、そこで教育を受けたのち、1949年に博士号を取得する。しかし、インケルスはそれよりも前にハーヴァード大学ロシア研究センターに雇用されていた。クラックホーンに次ぐ研究責任者として研究を始めたインケルスに対し、ハーヴァード大学は1951年に終身在職資格（テニュア）を授与した。これにあたり、学長のジェイムズ・コナントは、学際的な研究環境において他分野の研究者と協力しつつ、独自の研究も遂行する優れた社会学者であるとの賞賛の言葉をインケルスに送ったが、彼がソ連専門家であることには触れなかった。[51] 一方のインケルスも、自分はあくまでも社会学者であり、ソ連専門家ではないと主張していたというが、これには反共主義の問題が深く関わっていた。[52]

ロシア研究センターの設置にあたり、ハーヴァード大学はソ連での滞在経験を持ち、かつすでに同大学に在職中の研究者をセンターに組み込むことはなかった。それは1つには、ロシア研究センターは設立直後から「とりわけ攻撃されやすい位置に」あったため（パーソンズ）、反共主義的攻撃への強い警戒感が芽生えていたからである。[53] 実際、1948年4月には、同センターの副所長スチュアート・ヒューズが同年末の大統領選挙にソ連との平和協調路線を公約に掲げて進歩党から出馬していたヘンリー・A・ウォーレスを支援したことを理由に、その職を解かれるという「事件」が発生していた[54]（第2章第1節参照）。すなわち、ハーヴァード大学は、インケルスをソ連専門家ではなく、あくまでも近代産業社会を研究する社会学者として受け入れることで、反共主義の攻撃から逃れようとしたのである。また、シカゴ大学で教鞭をとっていたバリントン・ムーアも、1951年、インケルスと同様の扱い、つまり、OSS ソ連研究部門の分析官であったにもかかわらず、政治学者としてロシア研究センターにテニュアを持った教授として迎えられている。[55] さらに、パーソンズの渡欧に随行したバウワーは、かつて海軍でソ連について学んだ経歴を買われて RIP に召集されたが、彼もまた自分をソ連専門家ではなく社会学者であると主張していた。[56]

1950年6月のはじめまでにロシア研究センターは、ソ連研究の専門家集団で

あることを前面に打ち出すことなく、RIP に参加するスタッフを組織していった。また RIP は同センターが主導する研究であったが、コロンビア大学、プリンストン大学などの歴史学、経済学、政治学、文学、社会学、文化人類学、社会心理学の専門家も参加していた。[57] 彼らはまず、調査項目の策定から検討を開始したが、すでにこの頃から当初の目的である空爆研究から関心がずれはじめていた。

（２）「ソ連の社会制度の研究」へのシフトと空軍の不信

　本節では、RIP が空爆研究からソ連の社会制度の研究にシフトする過程について分析するが、その前に、事実関係を確認しておきたい。インケルスやムーアらがソ連専門家としてではなく、それぞれ社会学者、政治学者としてロシア研究センターに雇用されたのは、反共主義対策に加え、パーソンズやクラックホーンが同センターにおけるソ連研究の最終的な目的を「社会科学への貢献」に置いていたからでもあった。1950年6月、パーソンズとクラックホーンは、①どのようなソ連国民がソ連の制度にもっとも不満を抱きやすいのか、あるいはすでに抱いているのか、②どのような出来事が大衆の政権への支持を引き出しているのか、③何が人びとの憎悪を増幅させる可能性があるのかという研究課題を設定した。彼ら2人は、この課題の解明によって、ソ連の政治・社会制度とソ連国民の政府への忠誠の程度を知ることができ、またそのことによって、軍事紛争が勃発した際、ソ連の銃後の人びとがどの程度軍を支援するかについての推測が可能であり、この点において、すでに研究契約締結の直前にまで漕ぎつけていた空軍の要請に十分応えうると考えていた。[58]

　ロシア研究センターは、パーソンズとクラックホーンが立てた問題設定をふまえ、ソ連の制度のなかには貧困によって醸成された不平不満が蔓延しており、それは愛国心の強い者とて例外ではない、という仮説を立てた。それに沿って、同センターは、人材開発研究所との契約前からそうした不満を持つ者たちの抑圧された憎悪を活用する方法を発見するための調査手法、具体的には聞き取りに際して用いる質問項目の設計やサンプル調査に関わる諸問題の検討に着手した。[59] 検討作業は、1950年6月2日にバウワーが作成した覚書を皮切りに、ジョセフ・バーリナー（Joseph Berliner）やムーアらの手によって進められて

いった。

　なかでも方法上の課題だったのは、調査対象者をいかにして抽出するかという問題であった。バウワーは、6月30日に作成した「覚書第8号」において、RIPが直面しているサンプル調査上のもっとも大きな課題は、「いかにして、バイアスのかかったサンプルを手にすることを回避することができるかということに関する手段を、われわれが持ちあわせていないことにある」と指摘した。さらに、彼は「難民の人びとというのは、回答者をわれわれが選択している以上、われわれがもっとも関心を寄せる政治的忠誠と離反の側面の一部に対して極端な偏見」を持っている可能性があることにも言及した。[60] つまり、難民のなかでも、とくに国外に逃亡し避難民となった回答者には当然バイアスがかかっているのであり、彼らはソ連の批判的側面を過度に強調してしまうため、ソ連国民「全体」の意識を反映したものではないデータを手にしてしまう事態をバウワーは危惧したのであった。[61] ここからは、ソ連「社会」の「全体」について、可能なかぎり「客観的」に把握したいという研究者の意向を汲み取ることができる。さらに、本章第2節の（3）で述べたように、ソ連市民を行動科学的手法から分析し、その意識を体系的に理解したいという学問的関心がクラックホーンにあったことを想起するとき、すでにこの研究が空爆拠点選定という目的から外れる素地もまた用意されていたと見ることができる。

　こうした議論等を経て、1950年8月、RIPはコロンビア大学応用調査部の協力の下、ニューヨーク在住のソ連難民への予備テストを実施した。[62] そして、10月には個人面接用の要綱を完成させた。これには2種類の質問項目が用意された。第1は、一般人を対象とし、また将来的に研究成果が公表されることを想定した質問で構成された「スケジュールＡ」と呼ばれた質問様式であった。これは、年齢・性別・既婚未婚・ソ連共産党への入党の有無・家族構成・ソ連を離れた時期、また元兵士に対しては軍における階級、任務、拘束経験の有無、給与の支払い形態などの質問を通して、回答者、すなわちソ連市民の学歴・職業経験、家族背景、政府との関係、回答者の政治的・社会的態度を明らかにすることを目的としていた。加えて、筆記項目では、ソ連の政治体制と共産主義制度に対する回答者の態度の形成と経過について記入することを求めた。この面接は、1人につき6時間から12時間を要したという。[63] もう1つの「スケ

第 3 章　冷戦初期におけるソ連研究の「停滞」

ジュール B」は、1930年代のソ連の民族政策の変化、あるいは第二次大戦時のナチス・ドイツの侵入と占領に対するソ連民衆の反応の類型化を目的とするものであった。スケジュール A と異なるのは、軍事問題と関係のある質問項目が並んでいたこと、あわせて、経済、家族、政府、社会階層、国民性、ドイツの軍事占領、共産党の動向、専門職（元経営者、技術者、会計士など）という 8 つのトピックに通じた専門家を調査の対象にしたことであった。[64]

　この質問項目からもうかがえるように、ソ連空爆の際のターゲット選定のための研究であったはずの RIP は、ソ連の社会制度の研究に「シフト」しつつあった。もっとも、空軍もこうしたロシア研究センターの研究方針をただ座視していたわけではなかった。個人面接用の要綱が完成する 3 ヶ月前の1950年 7 月18日、ロシア研究センターを代表して、インケルスとバウワーが人材開発研究所に赴き、空軍将校との打ち合わせに臨んだが、その場でインケルスらは空軍から「研究計画全般に関してとても厳しい圧力を受けた」のであった。[65]にもかかわらず、ロシア研究センターが人材開発研究所と空軍の予算を使用しながら空軍の意図とは異なるソ連社会とその制度についての研究に邁進していった背景には、ロシア研究センターの次のような学問的スタンスがあった。

　クラックホーンは、第 2 節の（3）でも述べたように、1949年には、ロシア研究センターは、ロシアの制度と人びとの行動についての洞察を得ることを通じて、行動科学研究の進展のために存在する機関であるとの考えを示していた。[66]また、1951年 4 月には、RIP の主たる任務は「ソ連の社会制度の概念的モデルを提示することであり、軍事的問題を解決するために RIP を実施することは、ソ連の社会の要素を解明する阻害要因」と述べていた。[67]しかも彼は、RIP に参加した研究者がその成果を出版し、さらなる学問的キャリアを積むために、報告書は公開されるべきとも考えていた。[68]インケルスも、1950年 4 月、RIP は基本的には学術研究であり、空軍への情報提供を主とするものではない、との姿勢を示していた。ただ、彼は RIP の学問としての自律性を守りつつも、空軍にも一定の配慮は必要だと考えていた。[69]一方、バウワーは、RIP が空軍の資金によって実施されているという事実について、自分たちの認識が甘いことに懸念を示しつつも、軍部が応用できるようなソ連の強靭な面と脆弱な面についての調査は「比較的優先度の低い仕事」と考え、そうした仕事は学

85

術的分析の終わったあとに取り組めばよいと考えていた[70]。このような研究者の志向から、RIP は空爆研究から大きく離れ、遅くとも1951年10月までにはプロジェクト名も RIP から「ソ連の社会制度に関するハーヴァード・プロジェクト」へと変更された[71]。

しかしながら、クラックホーンにとっては、ソ連の社会制度の研究は人材開発研究所、および空軍の要請を無視するものでも、また矛盾するものでもなかった。それは、すでに述べたように、ソ連における社会制度の研究を通じて、軍事紛争勃発時のソ連の「銃後の人びと」が軍に対してどの程度の支援をするかが解明でき、この点において空軍の要請に十分応えうると考えられていたからである。そうした立場にあったクラックホーンは、公開された学術論文から空軍が自ら RIP の提言や分析を汲み取るべきと考えていたのである[72]。

しかしながら、空軍は、こうしたロシア研究センターの姿勢を牽制するかのような対応に出た。同センターの調査隊は、1950年9月にドイツとオーストリアに向け出発し、そこで翌年2月までの約5ヶ月間、聞き取り調査に従事する計画を立てていた[73]。出発に先立ち、ロシア研究センターでは聞き取りを実施するため、ロシア語を話すことのできる若い社会科学者を採用する必要があった。しかし、そうした研究者の雇用には、空軍の了解が必要であった。それは、ドイツとオーストリアのアメリカ占領地域に立ち入り、難民と接触するためには軍の許可が必要だったことと関係していた[74]。インケルスとクラックホーンは、国務省管理の秘密研究である MIT のトロイ計画に参加することが決まっていたため、立ち入りの許可は速やかに下りたが、多くの若い研究員の身辺調査は先送りにされ、立ち入り許可が出ないという事態が発生した。ドイツとオーストリアに赴く研究員の入国許可を1日でも早く得る必要があったクラックホーンは、1950年5月2日に人材開発研究所のボワーズに書簡を送り、直ちに研究員への許可を出してほしい旨を伝えた。そうしなければ「ソ連人難民の所在に関する多くの情報が失われてしまう」可能性があったからである[75]。事実、1950年にはすでにソ連人難民キャンプが消滅し、難民はドイツやオーストリアの他の地域に移動するか、もしくは、アメリカ、カナダ、オーストリア、あるいは南米諸国へ移住を開始していた[76]。ゆえに、ロシア研究センターは、難民が分散する前に少しでも早くヨーロッパで調査を開始する必要があっ

たのである。クラックホーンは、5月29日に空軍のスリーパーに同様の書簡を送り、研究員が9月7日に出発予定であることを伝え、彼らに対する1951年2月1日までの滞在許可を求めたのであった。[77]その結果、空軍は、調査隊が出発する直前になってようやく研究員に一時的な許可を与えたのであった。この空軍の非協力的な態度に RIP が中止に追い込まれる前触れを見て取るのは、あながち的外れでもあるまい。

こうした空軍との微妙な関係をはらみつつ、ロシア研究センターの調査隊はドイツとオーストリアに赴いた。現地での聞き取りに調査に便宜を図ったのが、先述のミュンヘン・ソ連歴史文化研究所であった。同研究所ではフレデリック・ワイル（Frederick Wyle）が陣頭に立ち、45名の難民からなる接触組織を設置していた。まず、この接触組織が聞き取り調査への協力者（回答者）を勧誘し、協力者の情報をミュンヘン・ソ連歴史文化研究所に集め、次に、ロシア研究センターの研究者が協力者のなかから回答者を「無作為」に選びだし、ロシア研究センターのドイツ調査室に「自発的」に来室したドイツ・オーストリアのソ連難民764名に対し、ロシア語、ウクライナ語、ドイツ語、英語で面接をする、というのが RIP の手順であった。[78]スケジュール A の質問項目による面接を受けたものが276名、スケジュール B の項目に沿って面接を受けたものが418名であった。また、質問票への記入という方式でも調査が行われ、スケジュール A の質問には、2080名が、スケジュール B の質問には7510名が回答した。[79]アメリカ東部に居住していた難民への面接と質問票への記入も含めた RIP の調査は1951年2月まで続けられた（表3-1）。

その直後からデータの整理が開始され、1952年にはデータの分析作業が始まった。[80]しかし、すでに述べたように、学術研究者としてソ連という「社会」を理解しようという機運が生まれていたためか、RIP からは空軍の要請から外れた研究が生み出された。マーク・フィールド（Mark Field）著の『ソ連・ロシアにおける医者と患者』（1957年）、バーリナー著の『ソ連における工場と経営者』（1957年）がその代表である。これら空爆研究とはかけ離れた研究が生まれたことからして、RIP は、空軍の要請に応える研究から学問的関心を優先させた研究に大きくシフトしていた。しかし、このことが、ハーヴァード大学ロシア研究センターと RIP を大きな危機にさらすことになるのである。

表3-1 ソ連の社会制度に関するハーヴァード・プロジェクトが収集した各種史料の提供者数

資料の種類	西ドイツ オーストリア	合衆国東部	計	備考
個性・方法論上のテストを含むライフヒストリー面接	276	53	329	スケジュールA
基本的筆記質問票	2,080	638	2,718	スケジュールA
特殊知識を伴う事項に関する面接	418	17	435	スケジュールB
特殊筆記質問票	7,510	2,238	9,748	スケジュールB
長期面接を受け、5種類の臨床心理テストに回答した調査書の組数	55	5	60	スケジュールB

出所：Raymond A. Bauer, Alex Inkeles, and Clyde Kluckhohn, *How the Soviet System Works?: Cultural, Psychological, and Social Themes* (Cambridge: Harvard University Press, 1957), 9 より筆者作成。

第5節　RIPの中止、「停滞」と人的ネットワーク

（1）　RIPへの反共主義的攻撃

　RIPの危機は、まず連邦政府、および連邦議会による研究者への反共主義的攻撃として現れた。1948年にパーソンズとともにヨーロッパを歴訪し、RIPの実施時にはハーヴァード大学社会関係学部の講師兼ロシア研究センター助手を務めていたバウワーは、1950年にCIA、FBI、それに下院非米活動委員会（HUAC）から共産主義者との嫌疑をかけられた[81]。その年の5月16日にHUACの特別聴聞会に喚問されたバウワーは、1940年代にノースウェスタン大学でアメリカ学生組合を組織していた人物との関係およびアメリカ学生組合について、知りうる限りの情報提供を求められた。バウワーの聴聞終了後も、HUACは1954年まで彼に対する徹底的な調査を実施したのであった。また、1952年12月の連邦議会選挙によって民主党と拮抗するまでに党勢を回復した共和党は、

表3-2　合衆国議会の構成（空席を除く）

議会会期	年	下院議員数			上院議員数		
		民主党	共和党	その他	民主党	共和党	その他
第79議会	1945-46	242	190	2	56	38	1
第80議会	1947-48	245	188	1	51	45	
第81議会	1949-50	263	171	1	54	42	
第82議会	1951-52	234	199	1	49	47	
第83議会	1953-54	221	211	1	48	47	1
第84議会	1955-56	232	203		48	47	

出所：紀平英作『パクス・アメリカーナへの道―胎動する戦後世界秩序』山川出版社、1996年、196頁より筆者作成。

RIPへの攻勢を強めていく（表3-2）。

　HUACによるバウワーの調査が進められていた1953年6月、政府の歳出監視の任にあった上下両院の議員の一部が、RIPに疑義を呈しはじめた。これを受けた下院の歳出に関する小委員会は、空軍将校らを喚問することを決定した。

　この委員会において、共和党の下院議員エレット・シュライブナー（Erret Scrivner）は、1953年7月1日、次のように発言した。陸軍、海軍などが取り組んでいる研究を精査するならば、研究の成果から大きな利益を得ることのできる研究と、ほとんど、あるいは全く価値のない研究とに分けることができる。このうち後者には、継続的な支援が必要な研究とその研究の意義を再考すべきもの、さらに支援を打ち切るべきものが含まれるが、空軍によるソ連の社会制度のような社会科学の研究、すなわちRIPは、支援を打ち切るべき範疇のものであろう、と[82]。また、7月22日には、共和党の上院議員ホーマー・ファーガソン（Homer Ferguson）が、ハーヴァード大学ロシア研究センターを委託先に選んだ空軍の判断について厳しく追及した。ファーガソンは、RIPが「どこに攻撃目標があるかを特定する研究」ではないにもかかわらず、「なぜ90万8千ドルもの資金をハーヴァード大学に支出して、攻撃目標でなくソ連の制度の研究をさせたのか」と強い口調で疑問を呈した[83]。喚問された空軍将校はRIPの空軍への効用について答弁したものの、議員らはさらに疑念を深めるだけであっ

た。

　この問題について、RIP の責任者であるクラックホーンは、安全保障担当大統領補佐官のロバート・カトラー（Robert Cutler）に RIP が置かれている状況について説明した。クラックホーンの説明を受けたカトラーは、連邦議会の一部議員による RIP への批判は不合理なものとの認識を示し、クラックホーンにこの問題の解決を約束した。しかし、カトラーの働きも事態の打開には至らず、2ヶ月後の1953年8月、連邦議会は RIP への調査を再開した。[84] 1953年9月、ファーガソンが RIP についての追加聴聞を実施するが、それ以降、RIP への反発は連邦政府・議会のみならず大衆にも広がり、ボストンの地方新聞紙上では RIP をめぐる論争まで勃発することになる。

　この時期、正確には1953年2月以降、ハーヴァード大学はマッカーシズムの激しい攻撃にさらされていた。物理学部准教授のウェンデル・ファリー（Wendell Furry）が、共産党との関係を問われ、HUAC に喚問されていたのである。ハーヴァード大学では、1953年1月のドワイト・D・アイゼンハワー（Dwight D. Eisenhower）政権の成立に伴い、在独アメリカ高等弁務官に任命されたコナントに代わり、ネイサン・ピュージー（Nathan Pusey）が学長職を務めていた。ピュージーは、上院議員ジョセフ・マッカーシー（Joseph McCarthy）に批判的であり、連邦議会が本格的な共産主義の調査に着手する前に HUAC がハーヴァード大学の教員を呼び出しその教員が証言を拒否しても、免職にはしないとの考えを表明していた。事実、1954年6月に HUAC への協力を拒否したファリーに対してハーヴァード大学は、解雇が横行していたアメリカの大学にあって、3年間の保護監視処分に留めたのである。[85]

　こうした「学問の自由」を盾に連邦議会との対決も辞さないという機運にあったハーヴァード大学に反発するかのように、議会では、ファーガソンに連なる共和党の上院議員ジョン・マクレナン（John McClennan）が、RIP は「税金を溝に捨てる」ものであると主張した。[86] さらにマクレナン発言の1週間後の1953年10月6日、『ボストン・ポスト』紙（現『ボストン・グローブ』紙）は、共産主義に対抗するために自発的に結成された運動家の集団が、RIP に「多少なりとも［中略］従事したすべての人物の名前を公開するよう」ハーヴァード大学に求めている、と報じた。同紙によればこの集団の目的は、RIP に参加した

第 3 章　冷戦初期におけるソ連研究の「停滞」

「人物がアメリカに忠誠心を抱いているか否か」を調査することであった。[87]

　一方で、クラックホーンは、こうした批判への対抗策を練っていた。そして、彼の意向を汲むかのように、まず、1953年10月1日、『ボストン・トラベラー』紙が、RIPは税金の「とんでもない浪費」であるというファーガソンの主張に対抗する論陣を張った。同紙は、「もし、われわれが百万ドル以下の費用で、[ソ連についての]価値ある情報を入手することができるのであれば、[RIPに対して]時間のとんでもない浪費である［中略］とは言えなくなるだろう。[中略]我が紙は、ファーガソン、[パトリック・]マッカラン（Patrick McCarran）、マクレナンなど、この計画[RIPを指す]に口出しをしている連中に対し、ハーヴァード大学にやりたいようにやらせておくべき」と考える、との社説を掲載したのであった。[88]また『ボストン・ヘラルド』紙は、10月15日から3日間、「知識という武器」と題する連載記事を掲載し、空軍はRIPが生み出した「知識という武器」を称賛していることを伝えた。[89]この記事は、空軍大将のネイサン・リーチ（General Nathan Leach）の証言をニュース・ソースとしているが、それを『ボストン・ヘラルド』紙に持ち込んだのはクラックホーンであった。[90]

　しかしながら、こうしたクラックホーンのメディアを使ったRIPに批判的な議員への応酬も奏功せず、連邦議会からの執拗な攻撃にさらされた空軍は、人材開発研究所を解体することを決め、1954年に同研究所は消滅した。[91]1953年末に攻撃の矛先を陸軍に向けたマッカーシーは、陸軍からの反撃を受け、そのデマゴーグぶりを露呈し、連邦議会から譴責処分を受けて失脚したため、マッカーシズムは退潮の兆しを見せていたものの、アメリカで反共主義は依然として猛威をふるっており、RIPもその波に飲み込まれたと言える。しかし、人材開発研究所の母体である空軍大学には、そもそも将校の教育にも関わる研究を、資金を投じて他大学に委託することに対する疑念も少なくなかった。このような連邦議会と空軍の猜疑心の煽りを受け、所長であったボワーズは解雇された。関係者にRIPの成果に対して過大な期待を抱かせたにもかかわらず、「われわれ軍部が求めていることにRIPの成果を応用することを疎かにした」というのが理由とされた。[92]ここからは、空軍・人材開発研究所とロシア研究センターの人的ネットワークが緊密であったために、その成果に対する失望も大

91

きく、そのことが RIP を中止に追い込む一因となったことがうかがえる。

　こうして、RIP の研究は中止された。しかし、研究契約を締結した以上、報告書の作成と提出が必要であった。そこでロシア研究センターは、それまでに執筆した報告書をまとめた最終報告書の作成に取りかかり、1954年10月に「ソ連の社会制度の戦略的・心理的強靭性と脆弱性」（以下、「ソ連の脆弱性」）と題する報告書を空軍に提出した。「ソ連の脆弱性」は、ソ連の社会制度を支える主要な制度として、家族、仕事、政党の構造、専門家を挙げ、そのそれぞれにおける強靭な面と脆弱な面を提示した報告書であった[93]。その3年後の1957年には、この報告書と「いくつか細かな変更点を除き、実質的には［中略］同じ」内容の『ソ連の制度』が刊行された[94]。この2つの研究に共通していたのは、ソ連社会についてのモデルを構築し、戦時においてそれぞれの制度がどのような役割を果たすのかを明らかにするという目的であった。

（2）「ソ連の脆弱性」と『ソ連の制度』の評価

　「ソ連の脆弱性」と『ソ連の制度』の評価としては、本章の第1節で触れたように、冷戦期ソ連研究の萌芽にしてオーソドックスな研究であったというエンガマンの指摘があるが、これには首肯しがたい。そうだとすれば、1954年、すなわち空軍に「ソ連の脆弱性」が提出された年にクラックホーンがロシア研究センターの所長を退き、同センターとの「公式的なつながりをすべて絶った」という歴史的事実の説明がつかないからである[95]。むろん、エンガマンもこの出来事に言及しているが、彼は空軍との関係の深かったクラックホーンの「放逐」を「学知の健全な発展」への胎動と捉えている[96]。しかし、エンガマンが根拠としているのは、これも第1節で述べたロシア研究センター内部の評価のみである。「ソ連の脆弱性」と『ソ連の制度』を評価するには、その内容にまで踏み込まなければならない。

　「ソ連の脆弱性」と『ソ連の制度』における著者らの目的である、ソ連社会についてのモデルの構築、および戦時におけるソ連の各種社会制度の役割の解明は、率直に言って達成されたとは言えない。むしろ、一貫した論理が不在のまま、さまざまな記述が散りばめられただけの研究と見るべきである。加えて、「ソ連の脆弱性」と『ソ連の制度』には、矛盾と言っても過言ではない記

述も散見される。それは、ソ連を奇妙な国家と措定する一方で、アメリカとの共通点や類似性にも言及している点にある。

　ソ連国家の特異性については、次のように述べられる。ソ連という国家は、「人びとの熱情と期待、それと彼らを支配する独裁制が人びとに求めるものとが衝突しており、不完全な統合しかなされてない」。ゆえに、政権は人びとの生活のすべての側面を制御しようという全体主義的な体制をとっている。そのため、すべての市民は恐怖ですくみあがっているばかりか、市民間の社会的紐帯も断ち切られているため、市民をつなぐ共通の価値観は存在しない。「ソ連の脆弱性」ではこれがソ連の奇妙性だとされる。加えて、『ソ連の制度』ではソ連には、その制度に不満を持つ集団が存在するとされる。その急進的な存在が農民であり、彼らは農業の集団化政策にとくに反感を覚えているとされている。

　このような奇妙な国家に住むソ連の人びとにおける不満の存在、そして不満分子の存在を指摘しつつも、一方で、これら2つの研究は、アメリカとの共通性をも主張している。曰く、確かに、ソ連の人びとは西洋世界に暮らす人びとに比べて、個人の自由の保障への関心が低く、RIPの回答者である難民の多くは、ソ連に対してもっとも批判的な者でさえ、近年のソ連の経済的・軍事的な躍進や教育の普及、識字率の高さ、健康保険、仕事の保障といったソ連の社会福祉政策を評価している。しかし、産業社会という視点からみれば、両国の労働者とも、産業社会の歪みから生じる、主として賃金に関する不安の解消を、産業界や国家に求めている、と言う。

　ソ連を奇妙な国家と見なしつつ、ソ連の人びとは、個人の自由については西洋世界の人びとと同じような希求をしていないと理解し、その一方で、アメリカとの社会制度上の共通点を論じた「ソ連の脆弱性」と『ソ連の制度』を理解する鍵は、「ソ連の脆弱性」の提出から5年後、『ソ連の制度』の出版から2年後の1959年、インケルスとバウワーが発表した『ソ連の市民――全体主義社会における日常生活』(以下、『ソ連の市民』)にある。同書を検討することで、「ソ連の脆弱性」と『ソ連の制度』というRIPの研究が、緊密な人的ネットワークの存在ゆえ、クライアントであった空軍に配慮せざるをえなかったために、研究者のソ連社会についての知見を前面に打ち出すことができず、「停滞」に

陥ったものであったことが浮かび上がってくる。

（3） 人的ネットワークの消滅と『ソ連の市民』

　『ソ連の市民』が「ソ連の脆弱性」および『ソ連の制度』と根本的に異なるのは、その目的が明確に示されている点にある。『ソ連の市民』冒頭の記述によれば、同書の目的は、「ソ連市民の態度、価値、および経験」という当時のアメリカ人がほとんど知らない点を明らかにすることであった。それを示すかのように『ソ連の市民』では、全16章のうち、9章が「職業階層と移動」、「暮らし向き」、「教育」、「ニュースとの接触」、「家族生活の類型―進行しているもの」、「家族生活の類型―家族の内面」、「政権を支持する要因、民衆の価値と希望」、「敵意と不満の原因」、「ソ連社会における忠誠の問題」といったタイトルの、ソ連で実際にどのような生活が営まれているかの分析と考察にあてられていた。また、もう１つの目的は、「他の産業国家、とくに合衆国と比較できるデータを発見」することであった。そして、この作業を通じて、「ソ連市民の経験や態度のパターンと、［ソ連とは］著しく異なった文化と歴史を持ち、全く違った政治制度を持っている他の多様な大規模な産業社会」、すなわち西洋やアメリカにおける人びとの行動や思考のパターンとが「近接している」ことを提示することを最終の目的としていた。かかる目的を達成すべく、インケルスとバウワーは、ソ連市民には「他の大規模な産業社会、とりわけ合衆国におけるアメリカ人の自国の産業制度への不満」と似かよった不満があることを指摘する。しかし、ソ連市民の不満の存在を指摘しつつも、「少なくとも社会的、また政治的な安定が保たれている間は、ソ連政権の下での生活において、［ソ連市民の］不忠誠な行動」はなく、ソ連市民の間には「全体主義的政治制度を変更するために必要であるような強制的活動にまで、彼らを動かすに足る」契機は「ないと考えて」いた。インケルスらの目には、ソ連市民は「政府による経済の所有と統制を受け入れ、また国家政策が中央集権的な体制の下で専制的に決定されることを受け入れて、また支持しているように」見えていたのである。

　ここで重要なのは、インケルスらが、ソ連の市民が政権打倒に動かない要因を、ソ連の制度に内在するものとしてはとらえていなかったという点である。

すなわち、インケルスは「忠誠が維持され、それによって不満を［人びとの］意識から締め」出し、ソ連の市民を政権打倒に動かさないのは、「個々人が自分自身の振る舞いのみならず、［中略］自分の理想とする生活目標を設定することをも統制する機制」がソ連の制度に内在するからではないと考えていたのである。むしろソ連の市民は西洋的な政治的・経済的な自由よりも、テロリズムの防止、生活水準の向上、福祉国家の原則の徹底、農業労働への十分な見返りといった「単純」な社会運営を政府に求めていることをインケルスらは明らかにしたのである。このように、『ソ連の市民』においてインケルスとバウワーは、ソ連の市民には西洋世界が自明としてきたような命を賭して自由のために行動し、相応しい政体を樹立すべきという理念について、「自由で民主的な政治制度を生みだした特定の文化的伝統と歴史的発展」というものは、「模倣することが容易ではない」がゆえに、「アングロ・サクソンの諸国や西ヨーロッパ大陸で見られた」自由を生みだす歴史的な発展は「非常に特殊なものであったかもしれない」として自由の理念が必ずしも共有されていないと見ていた。むしろ、彼らは、産業社会のひずみから生じる生活不安を解消する要求の方が高いことを示すことによって、ソ連の人びとや社会制度の「特殊性」ではなく、ソ連と、アメリカを含めた他の産業社会との「近似性」を打ち出すことにより力点を置いていたのである。この『ソ連の市民』における学術的もくろみは論理的一貫性を担保することで成功したと言える。

　ここで注目すべきは、第1に『ソ連の市民』の刊行時、著者であるインケルスとバウワーがロシア研究センターを離れ、スタンフォード大学行動科学高度研究センターの研究員だったことである。すなわち、同書はRIPを通じて形成された人的ネットワークから切り離されたところで生まれた研究であった。第2に、同書は新たに書きおろされたものではなく、RIPで得られた資料を用いて執筆された書物であった。これら2点の事実は、インケルスとバウワーに、RIPという研究活動を吟味し直したいという意欲があったこと、そして、それを可能にしたのはRIPで形成された人的ネットワークの消滅だったことを強く示唆している。あわせて、上記2点の事実は、「ソ連の脆弱性」および『ソ連の制度』では論じきれなかった部分が多分にあったことの傍証にもなっている。もっとも、『ソ連の市民』の主張には、「ソ連の脆弱性」と『ソ連の制

度』と共通する主張があるようにも見える。個人の自由に関するソ連の人びとの関心は、アメリカを含む西洋諸国と比べて低いが、産業社会という側面から見れば、ソ連とアメリカの人びとおよび社会制度には近似性があるとの主張がそれである。しかし、ソ連は市民が政権に反旗を翻すのを防止すべく全体主義的体制を敷く奇妙な国家であるという「ソ連の脆弱性」と『ソ連の制度』の指摘とは距離をとっている点が、『ソ連の市民』と、「ソ連の脆弱性」および『ソ連の制度』との決定的な差違を生み出している。『ソ連の市民』において、ソ連とは個々人の生活を統制する社会制度を内在させる奇妙な国家であるというアプリオリな前提を、ソ連市民の視点に立つことで打ち崩そうとしていたインケルスらにとっては、ソ連の特殊性を強調しすぎる研究の方が問題だったのである。そうした目的の下で執筆された『ソ連の市民』においては、ソ連がアメリカとは異なる政治体制を敷き、また文化面でも異なることは、社会制度の1つである産業の観点から見れば、とりたてて問題ではなく、むしろソ連の特殊性を強調しすぎる研究の方が問題だという観点が貫かれていたのである。[108)]

　このような『ソ連の市民』の執筆を可能にした状況、および同書の内容は、「ソ連の脆弱性」と『ソ連の制度』が緊密な人的ネットワークの存在ゆえに論理的一貫性を欠き、学術研究としての価値を喪失したという意味で、「停滞」に陥っていたことを逆説的に示しているのではないだろうか。

小　括

　ハーヴァード大学ロシア研究センターと空軍、人材開発研究所との人的ネットワークは、確かに RIP を始動させたものの、その緊密性ゆえに RIP を中止に追い込み、「停滞」に陥らせた。しかし、アカデミズムとそれ以外の人物や組織との繋がりが学知にとって弊害だったのであろうか。RIP の活動、とくに初期のドイツとオーストリアでの調査活動は、空軍や CIA の支援がなければ実施できなかった。そして現地調査がなければ、空軍への最終報告書である「ソ連の脆弱性」も、一般向け書物である『ソ連の制度』も作成されず、ひいては、「停滞」を脱した『ソ連の市民』の誕生を見ることもなかった。このこ

第 3 章　冷戦初期におけるソ連研究の「停滞」

とは、冷戦期の学術研究において政府・軍部・財団などとの人的ネットワーク（あるいは機関連環）が学知に「停滞」のみならず、学術的価値や発展をもたらす可能性を秘めていることを示している。本章は、人的ネットワークという切り口からの歴史叙述をもって、外部の機関・組織から学知への関与を否定的に捉える第 1 の研究群とも、学知の自律性を強調する第 2 の研究群とも異なる見解を示すことで、本書の命題である大学・学知と国家との複雑な関係性の一端が照射できたのではないだろうか。

1) Engerman, *Know Your Enemy*, 51-52; id., "The Rise and Fall of Wartime Social Science," 26, 30.
2) Engerman, "The Rise and Fall of Wartime Social Science," 26.
3) Engerman, *Know Your Enemy*, 62-63.
4) O'Connell, "Social Structure and Science", 226.
5) 高城『パーソンズとアメリカ知識社会』、214-215頁。
6) Engerman, *Know Your Enemy*, 70; id., "The Rise and Fall of Wartime Social Science," 26, 32, 36-37.
7) たとえば、高城『パーソンズとアメリカ知識社会』、213頁。
8) Engerman, *Know Your Enemy*, 183.
9) "Minutes of Russian Seminar, Friday, February 6, 1948," Folder: RRC, UAV 759. 8 (Russian Research Center: Seminar Notes, 1948-1953/54), Harvard University Archives, Pusey Library, Cambridge, MA（以下、HUA と略記）, 3-4. By the courtesy of The Harvard University Archives. People. Discoveries. History.
10) "Minutes of Russian Seminar, Friday, February 13, 1948," Folder: RRC, UAV 759. 8, HUA, 4-5.
11) Engerman, *Know Your Enemy*, 51-52.
12) 高城『パーソンズとアメリカ知識社会』、207頁。
13) 同上、206-207頁。
14) O'Connell, "Social Structure and Science," 200-203. この計画については、Christopher Simpson, *Blowback: America's Recruitment of Nazis and Its Effects on Cold War* (New York: Weidenfeld & Nicolson, 1988), chap. 8（松尾弌之訳『冷戦に憑かれた亡者たち──ナチとアメリカ情報機関』時事通信社、1994年、第 8 章）に詳しい。
15) O'Connell, "Social Structure and Science," 204.
16) Ibid., 197-198.
17) 高城『パーソンズとアメリカ知識社会』、211頁。

18) O'Connell, "Social Structure and Science," 199; 高城、前掲書、207-209頁。
19) O'Connell, "Social Structure and Science," 207.
20) Engerman, *Know Your Enemy*, 52.
21) O'Connell, "Social Structure and Science," 209.
22) 高城『パーソンズとアメリカ知識社会』、207頁。
23) Diamond, *Compromised Campus*, 70.
24) O'Connell, "Social Structure and Science," 209 からの引用。
25) 高城『パーソンズとアメリカ知識社会』、201頁からの引用。
26) O'Connell, "Social Structure and Science," 210 からの引用。
27) George Fisher to Clyde Kluckhohn, Alex Inkeles, and Raymond Bauer, July 15, 1950, Folder: Fisher, George, Box: D-F, Series UAV 759. 175 (Russian Research Center: Refugee Interview Program Correspondence), HUA, 6.
28) O'Connell, "Social Structure and Science," 210.
29) Ibid., 211.
30) 高城『パーソンズとアメリカ知識社会』、214頁。
31) Kluckhohn, "Russian Research at Harvard," 266-267.
32) Engerman, *Know Your Enemy*, 51.
33) Alex Inkeles and Raymond A. Bauer, *The Soviet Citizen: Daily Life in a Totalitarian Society* (Cambridge: Harvard University Press, 1959), 9（生田正輝訳『ソヴェトの市民──全体主義社会における日常生活』慶應義塾大学法學研究會、1963年、10頁）; 高城『パーソンズとアメリカ知識社会』、214-215頁; O'Connell, "Social Structure and Science," 210.
34) Inkeles and Bauer, *The Soviet Citizen*, 9（生田訳『ソヴェトの市民』、10-11頁）.
35) Colonel Raymond S. Sleeper, "Air Power, the Cold War, and Peace," *Air University Quarterly Review* vol. 5, no. 1, (Winter 1951-1952), 15-18.
36) Tami Davis Biddle, "Handling the Soviet Thread: 'Project Control' and the Debate on American Strategy in the Early Cold War Years," *Journal of Strategic Studies* vol. 1, no. 1, (May 1978), 274.
37) O'Connell, "Social Structure and Science," 337.
38) Katherine Spencer, "Appendix D: The Development of the Research Methods of the Foreign Morale Analysis Division," (November 30, 1945) in *Human Relations in a Changing World: Observations on the Use of the Social Sciences*, Alexander H. Leighton, (New York: E. P. Dutton, 1949), 295-296.
39) O'Connell, "Social Structure and Science," 339; Diamond, *Compromised Campus*, 70.
40) Engerman, "The Rise and Fall of Wartime Social Science," 28.
41) Needell, "'Truth is Our Weapon'," 399-420; Engerman, "The Rise and Fall of Wartime

Social Science," 31.
42) Col. Sleeper, "Air Power, the Cold War, and Peace," 17-18.
43) Biddle, "Handling the Soviet Thread," 274.
44) Engerman, *Know Your Enemy*, 53-54.
45) O'Connell, "Social Structure and Science," 340-341.
46) Raymond S. Sleeper to Clyde Kluckhohn, March 17, 1950, Folder: Sleeper, Col. Raymond S., Box 10, Series UAV 759. 10 (Russian Research Center Correspondence, 1947-1976), HUA.
47) Engerman, *Know Your Enemy*, 54.
48) Engerman, "The Rise and Fall of Wartime Social Science," 30 からの引用。
49) Sleeper to Kluckhohn, March 17, 1950, HUA.
50) Byrnes, *A History of Russian and East European Studies in the United States: Selected Essays*, 207-213; David C. Engerman, "New Society, New Scholarship: Soviet Studies Programmes in Interwar America," *Minerva* 37 vol. 25, no. 43 (March 1999), 41-42.
51) Engerman, *Know Your Enemy*, 54-55.
52) Engerman, "The Rise and Fall of Wartime Social Science," 32.
53) 高城『パーソンズとアメリカ知識社会』、204頁からの引用。
55) Engerman, *Know Your Enemy*, 55.
56) Engerman, "The Rise and Fall of Wartime Social Science," 32.
57) Inkeles and Bauer, *The Soviet Citizen*, 12（生田訳『ソヴェトの市民』、14頁）.
58) Engerman, *Know Your Enemy*, 56-60.
59) O'Connell, "Social Structure and Science," 379-380.
60) Ibid., 384-385 からの引用。
61) Clyde Kluckhohn, "Analysis Plan," August 21, 1951, Folder: Volume II, Box: Harvard Project on the Social System Workbook, 1950, Vols. I-III, Series UAV 759. 175. 95 (Refugee Interview Project Workbook), HUA, 3.
62) Inkeles and Bauer, *The Soviet Citizen*, 12（生田訳『ソヴェトの市民』、14頁）.
63) Ibid., 12, 14（同上、14、16-17頁）.
64) Ibid., 12-13（同上、15頁）. 質問項目については、*The Soviet Citizen*, 401-430 に掲載されている。
65) "Minutes of Planning Meeting," July 18, 1950, Series UAV. 759. 175. 8 (Russian Research Center: Refugee Interview Program: Planning Memoranda + Minutes), HUA. 1; Engerman, *Know Your Enemy*, 59.
66) Kluckhohn, "Russian Research at Harvard," 266-267.
67) Clyde Kluckhohn, "Analysis Plan," April 17, 1951, Folder: Reports Sent to Raymond V. Bowers, Box: Bo-C, Series UAV 759. 175, HUA.

68) Engerman, *Know Your Enemy*, 57.
69) O'Connell, "Social Structure and Science," 394.
70) Raymond A. Bauer, "Notes on Analysis Plan for Refugee Interview Project," n. d., Folder: Reports Sent to Raymond V. Bowers, Box: Bo-C, Series 759. 175, HUA, p. 2.
71) Clyde Kluckhohn, "The Harvard Project on the Soviet Social System," Series UAV 759. 451 (Russian Research Center, Refugee Interview Program, Survey of Research Objective), HUA.
72) Engerman, *Know Your Enemy*, 57.
73) Alex Inkeles to Mr. X, Folder: 78-F-7, UAV 759. 175. 8, HUA; Engerman, *Know Your Enemy*, 61.
74) 周知のとおり、1949年9月以降にドイツ連邦共和国の監督任務に就いたのは在独アメリカ高等弁務官府であるが、それでもなお、旧アメリカ軍政部占領地域への入国には軍部の許可が必要であった。O'Connell, "Social Structure and Science," 409.
75) Kluckhohn to Raymond V. Bowers, May 2, 1950, Folder: Bowers, R. A., Box 7: 1948-49 Sm-Z, 1949-1950 A-B, Series UAV 759. 10, HUA.
76) Inkeles and Bauer, *The Soviet Citizen*, 9-10（生田訳『ソヴェトの市民』、11-12頁）.
77) Kluckhohn to Sleeper, May 29, 1950, Folder: Sleeper, R. S., Box: S-Z, UAV 759. 175, HUA.
78) George Fisher to Kluckhohn, August 13, 1950, Folder: Fisher, George, Box: D-F, Series 759. 175, HUA.
79) Inkeles and Bauer, *The Soviet Citizen*,. 11, 15-16（生田訳『ソヴェトの市民』、13、17-20頁）.
80) Ibid., vii, 14-19（同上、7、16-22頁）.
81) Diamond, *Compromised Campus*, 62.
82) Erret Scrivner, July 1, 1953 in *Congressional Record: Proceedings and Debates of the 83rd Congress, 1st Sess.*, vol. 99, part 6, June 25, 1953, to July 11, 1953, U. S. Congress (Washington D. C.: U. S. Government Printing Office, 1953), 7835.
83) Homer Ferguson, July 22, 1953 in *Congressional Record: Proceedings and Debates of the 83rd Congress, 1st Sess.*, vol. 99, part 7 July 13, 1953, to July 25, 1953, U. S. Congress (Washington D. C.: U. S. Government Printing Office, 1953), 9467.
84) Engerman, *Know Your Enemy*, 62.
85) Schrecker, *No Ivory Tower*, 200-205. とはいえ、ピュージーは学問の自由は守ると表明しつつ、ハーヴァード大学には共産主義者は雇用しない方針をとっていた。高城『パーソンズとアメリカ知識社会』、218頁。
86) John Kelso, "Senator Cites University's Keeping of Suspected Reds," in the *Boston Post*,

September 28, 1953.
87） "Names Asked on Red Study at Harvard," *Boston Post*, October 6, 1953.
88） "Investment at Harvard," *Boston Traveler*, October 1, 1953.
89） *Boston Herald* editorials "The Weapon of Knowledge" ran from October 15 through October 17, 1953.
90） Clyde Kluckhohn to Trevor Gardner (Special Assistant to the Secretary of the Air Force), October 30, 1953, Box 23, Series UAV 759. 10, HUA; Engerman, *Know Your Enemy*, 63.
91） Lyons, *The Uneasy Partnership*, 144.
92） Engerman, *Know Your Enemy*, 63 からの引用。
93） Engerman, "The Rise and Fall of Wartime Social Science," 31.
94） Raymond A. Bauer, Alex Inkeles, and Clyde Kluckhohn, *How the Soviet System Works?: Cultural, Psychological, and Social Themes* (Cambridge: Harvard University Press, 1957), 3.
95） Engerman, *Know Your Enemy*, 69.
96） Ibid.
97） Clyde Kluckhohn, Alex Inkeles, and Raymond A. Bauer, "Strategic Psychological and Sociological Strengths and Vulnerabilities of the Soviet Social System: A Final Report Submitted the Director, Officer Education Research Laboratory (AFP&TRC of ARDC), Maxwell Air Force Base Montgomery, Alabama" (October 1954), Box 5, Series UAV 759. 175. 75 (Project on the Soviet Social System, 1950-1953 Reports and Memoranda), HUA, 14-16.
98） Bauer et al., *How the Soviet System Works?*, 216-217, 239-243.
99） Kluckhohn et al., "Strategic Psychological and Sociological Strengths and Vulnerabilities of the Soviet Social System," chaps. III-B-2, III-B-3; Bauer et al., *How the Soviet System Works?*, 213-214.
100） Bauer et al., *How the Soviet System Works?*, 36-38.
101） Inkeles and Bauer, *The Soviet Citizen*, vii（生田訳『ソヴェトの市民』、3頁）.
102） Inkeles and Bauer, *The Soviet Citizen*, viii, p. 4（生田訳『ソヴェトの市民』、8、4-5頁。なお、訳書である『ソヴェトの市民』はまえがきのあと、第1章からページが振り直されている）.
103） Ibid., 284（同上、332頁）.
104） Ibid., 392（同上、460-461頁）.
105） Ibid., 284, 391-392（同上、332、459-461頁）.
106） Ibid., 383（同上、449頁）.
107） Ibid., xii（同上、14頁）.
108） Engerman, *Know Your Enemy*, 183.

第4章　冷戦の展開とソ連研究の途絶
　　　――マサチューセッツ工科大学国際問題研究センター

第1節　先行研究の検討と問題設定

　1953年、MIT の国際問題研究センター（MITCIS）所属の経済史家ウォルト・ホイットマン・ロストウ（Walt Whitman Rostow）が著した『ソ連社会の動態性』（*The Dynamics of Soviet Society*）が刊行された。[1] 同書は、1950年11月から翌年の1月にかけて MIT が国務省の依頼を受け、実施したソ連研究であるトロイ計画（第2章参照）の「第2段階」として計画されたソ連研究の成果であった。

　その代表的著作が『経済成長の諸段階――1つの非共産主義宣言』であることからもうかがえるように、ロストウは近代化論と呼ばれる学問体系の構築に寄与した研究者の1人として知られている。ゆえに、彼がソ連研究の書物をものしていたことを意外に思う向きも多いであろう。確かに、彼の所属していた MITCIS は、経済学者のマックス・ミリカン（Max Millikan）や社会学者のダニエル・ラーナー（Daniel Lerner）といった近代化論を打ち立てるのに中心的な役割を担った研究者を多数抱えていたことから、近代化論研究の拠点と目されることが多い。[2] それに加え MITCIS は、国際コミュニケーション、経済開発、共産主義、治安維持・対ゲリラ活動などの研究にも取り組んでいた組織であった。[3]

　1952年2月に設置されたこの MITCIS は、当初、トロイ計画の第2段階としてのソ連研究を遂行する際の組織的基盤となる予定であった。しかし、MIT および MITCIS においては、トロイ計画の第2段階としてのソ連研究が、ロストウのたった1冊の成果のみをもって途絶してしまう。本章は、MIT が初めて取り組んだソ連研究であるトロイ計画と、同計画が終了した1951年1月から

『ソ連社会の動態性』が刊行される1953年までの期間を対象に MIT と MITCIS においてソ連研究が途絶するまでの過程を跡づけるものである。

トロイ計画終了後の1951年2月、国務省に研究成果として提出した報告書のなかで、MIT は、冷戦下の心理戦の対象となるソ連の人びとについての「基礎的研究の方向性は、政策決定者、政府機関関係者、それに大学の研究者によって決定されるべき」であること、加えて「それらの重要な研究を蓄積すべく、大学に研究所を設置するための資金援助が必要である」ことを提案した[4]。MITCIS に言及する先行研究は、まずこの報告書の文言を引き、そのうえで、MIT はトロイ計画の第2段階としてのソ連研究と、それを継続的に実施するための部局の設置を望んでいたと論じるのが一般的である[5]。しかし、MIT におけるソ連研究はごく短期間で後景に退き、設置された MITCIS は近代化論の研究拠点たる特質を強く帯びた組織となっていくのである。ギルマンやエンガマンなどの先行研究は、トロイ計画の第2段階の組織的基盤となる部局の初期の構想とロストウのソ連研究を、MITCIS の前史の1エピソードとして取り上げているだけであって、その歴史的位置づけや整合性を問題にしてこなかった[6]。ゆえに、なぜソ連研究から近代化論へと急激な研究内容の転回が生じたのか、また、そもそも、なぜソ連専門家ではないロストウがソ連研究に取り組むことになったのか、そして、彼の『ソ連社会の動態性』が刊行された後に、なぜ MITCIS はソ連研究に取り組むのを止めたのか、といった問題は未だ解消されていない。

本章では、主として MIT の文書館が所蔵している一次史料を活用しつつ、1950年代初頭の MIT、および MITCIS の歴史的経緯を跡づける。そして、トロイ計画というソ連研究に取り組み、その継続まで計画されていたにもかかわらず、冷戦をめぐる国内外の政治状況の急激な変化によって、学術研究的な面でも、政策提言的な面でもソ連研究が途絶に至るまでの過程を明らかにしていく。加えて、1940年代後半の MIT で交わされた学内編制をめぐる議論によって誕生したある学内行政の論理も、MIT におけるソ連研究を途絶させた1つの要因であったことにも言及したい。

第4章　冷戦の展開とソ連研究の途絶

第2節　人文・社会科学部の設置構想

　トロイ計画を引き継ぐ組織の初期の構想とロストウが取り組んだソ連研究を第二次世界大戦後の MIT の歴史に位置づけ、理解する1つの鍵は、第二次大戦後の MIT に叢生した、同大学において人文科学・社会科学研究を遂行する必要性があるとの認識にある。しかしながら、この人文・社会科学研究の拡大と一層の充実を求める認識および学内の論理こそが、皮肉なことに、MIT にソ連研究を根づかせることを阻む1つの要因となる。

　本節では、第二次大戦後の MIT に現出した認識および学内論理を炙りだすべく、MIT が人文・社会科学研究に向かいはじめる経緯を、1947年から1949年にかけて学内の委員会で議論され、1950年12月に設置された人文・社会科学部の設置構想をめぐる議論の過程を跡づけることによって明らかにする。

(1)　ルイス委員会の発足と人文・社会科学教育をめぐる議論

　第二次大戦終結後、アメリカの大学を取り巻く環境は大きく変わった。大学進学者数の推移を見ると、第二次大戦前の1939年度に大学に進学した者の数は150万人、第二次大戦中の1944年には116万人に落ち込むものの、終戦後には再び増加の傾向を見せはじめ、1947年には260万人が、1949年には266万人が大学に進学した。[7]

　第二次大戦後に大学進学者数が増加した大きな要因には、戦争に従軍し、帰還した多数の復員兵が大学に入学したことがあった。彼らに大学進学への道を拓いたのは、大戦中の1944年に制定された兵士再適応法であった。通称、GI ビルとも呼ばれるこの法律による経済的な支援を受け、1947年にはその年の大学進学者の半分を、1949年には266万人のうち85万人を復員兵が占めるようになった。[8] 復員兵の大量入学に伴い、大学側は、単位取得要件の緩和や、基礎的知識の乏しい者のための補習コースの設置などに取りかかることになった。[9] つまり、この時期のアメリカの大学には、それまでには見られなかったような多様な関心、目的、能力を持つ学生群が出現したのであった。こうした事態に対

105

応すべく、大学は、学生のニーズに応えるためのカリキュラムの見直しや教員の確保、建物や設備の整備などを迫られることになった。

このように第二次大戦後のアメリカでは、大学という教育機関に対する注目が高まったこともあり、当時の大学改革の議論は、大学世界のみならず、新聞や有名雑誌の紙面をも賑わせることになった。1950年、カーネギー財団上級教育研究所の所長O・C・カーマイケル（O. C. Carmichael）は、当時の大学改革の機運の高まりについて、「この国の歴史において、これほど教育の目標や手段について百花繚乱の議論が沸きあがったことはなかった」と述べている。[10]

復員兵等の新たな学生の入学とそれに伴う大学を取り巻く環境の変化はMITにおいても例外ではなかった。MITでは、戦前の入学者数が3000人台で推移していたのに対し、1947年の入学者は5172人、1949年には5433人へと増加した。そして、その約6割がGIビルを利用した学生であった。[11]復員兵学生が増加するなか、彼らへの教育上の配慮が必要になっていた。1946年の学長年次報告において、技術教育と社会科学を学習し、5年間で修士号を取得させるコースについて、「明らかにこの種のカリキュラムは、戦争経験によって関心の幅を広げ」たものの、「金銭的な事情のため、5年間しかMITに在籍することのできない復員兵たちへのアピールとなる」と記されたのは、そうした認識の1つの表れと言えよう。[12]

こうした環境の変化を受けて、MITは、1940年代の後半から教育に関する改革に乗り出しはじめた。その中心を担ったのは、1947年1月に設置された教育調査委員会（以下、ルイス委員会）であった。委員長には化学工学教授のウォレン・ルイス（Warren Lewis）が、委員には物理学教授のジュリアス・ストラットン（Julius Stratton）、機械工学教授のカール・ソダーバーグ（Carl Soderberg）、会計学教授のロナルド・ロブネット（Ronald Robnett）、生物物理学教授のジョン・ルーフブーロウ（John Loofbourow）がそれぞれ選出された。[13]ルイス委員会の目的は、MITの「教育の原則を見直すこと、および戦争の惨禍や社会的な大変動から生じた新たな時代に、それら［MITの教育］が対応できるのかどうかを見極めること」にあった。[14]

第二次大戦後のMITには、学長のカール・コンプトンら上層部による基礎科学、研究活動、および大学院教育の重視、そして人文・社会科学教育の充実

第4章　冷戦の展開とソ連研究の途絶

を基調とする大学改革の機運が存在した。もっとも、この方針には、基礎科学や人文・社会科学教育の重視によって、MIT がそれまで中心に据えてきた技術教育が圧迫され、また研究および大学院教育の重視によって、技術者の教育を眼目としてきた MIT の理念や伝統が失われるという反対意見が存在していた。ルイス委員会の任務の 1 つには、そうした対立に区切りをつけ、将来のあるべき見通しを示すことがあったが、しかし、同委員会では、当初から人文・社会科学教育の充実が既定方針となっていた。[15)]

写4-1　ジョン・バーカード

出所：http://web.mit.edu/cis/
pdf/Panel_ORIGINS.pdf
accessed June 4, 2016

　その理由は、1 つには、MIT の卒業生の多くがそれらの教育の不備を理由に子弟を他の大学に入学させる傾向が見られていたからであり、もう 1 つは、人文・社会科学教育を担当する優秀な人材の確保に苦慮していたからである。これらは相互に関連した一連の問題と捉えられ、人文・社会科学教育を充実させれば一挙に解決されると考えられた。[16)] もっとも、MIT では、それまでにも人文・社会科学教育は実施されてはいたが、担当する人文科学部は所属学生や学位授与権を持たない、学内では周縁的な位置に追いやられていた組織であった。[17)] ルイス委員会は、たびたび委員以外からも意見を聴取しながら審議を進めていたが、人文・社会科学教育の充実が既定方針だったこともあり、それらの一層の拡大を求める声が多く寄せられるようになった。

　たとえば、1947年 2 月には、当時の図書館長ジョン・バーカード（写4-1）が、人文・社会科学科目の専門課程化を提案した。当時の学生は、人文・社会科学科目を学ぶ場合、初年度に英語、2 年目に歴史、3 年目に社会科学科目といった具合に、年度によって異なる科目を履修することになっていた。バーカードは、こうした現行のカリキュラムでは、学生は人文・社会科学のいずれの科目においても初歩的な知識しか得ることができないと批判し、その解決策として専門課程化を提案したのである。理学部や工学部などの専門学部には、いわゆる専攻に該当する専門課程が設けられており、課程内の学生は、同じ科

目を複数年履修することが可能であった。しかも内容は、学年が進むにつれて高度になるように設計されていた。バーカードは、人文・社会科学にも専門課程を設置し、学生に人文・社会科学科目を高度に、そして専門的に学習する機会を提供すべきだと主張した。それに加え、バーカードは、将来的には大学院で人文・社会科学科目を提供することを目指していた。[18] 続く5月の会合には、工学部長のトーマス・シャーウッド（Thomas Sherwood）が出席し、「現在［MITに］求められているのは、社会への幅広い理解を備えた技術者である」として、学士課程では英語や歴史、芸術、経済、心理学等の科目を、科学の専門科目と同じ時間数に増加すべきと主張した。[19] しかし、こうした、言わば人文・社会科学の「拡大」構想は、科学研究を推進し、MIT の「工科大学」としての特質を保持せんとする立場からの大きな反発を招くことになった。

　ルイス委員会は、科学研究の推進、および工科大学としての MIT の特質を保持すべきと唱える勢力と、人文・社会科学教育の拡大を唱える勢力との調整に乗り出し、1947年10月以降、この問題の解決のため審議の進め方などの見直しも行ったが、結局のところ対立は解消されないまま、審議は年を越し、2年目に突入した。[20] こうした状況のなかで、年明けの最初の会合に人間関係学部設置案が登場し、審議の停滞を打破するきっかけとなるのである。

（2）　人間関係学部設置案の登場

　人間関係学部設置案は、ルイス委員会で取り上げられる約半年前にコンプトンの下に送られていた。[21] 同案を起草した経済学教授ウィリアム・マクローリン（William Maclaurin）は、現行の人文科学部を工学部や理学部などの専門学部と「同等の基盤を持った」部局に再編すべきであるとして、経済・社会科学科と英語・歴史学科、および事業・技術管理学科からなる「人間関係学部」の設置を求めた。[22] マクローリンの案を土台とした新学部設置案が、1948年1月、審議が停滞していたルイス委員会において、突然取り上げられた。しかし、すでに述べたように、ルイス委員会の使命の1つは、将来の MIT のあり方や方向性をめぐる学内の意見の対立に区切りをつけることであった。そして、ルイス委員会には、コンプトンらの方針、すなわち人文・社会科学教育の充実を進める方策と、MIT の伝統的なあり方との折り合いをつけることも求められてい

た。この点をふまえると、マクローリンの人間関係学部設置案は、人文・社会科学教育をめぐって賛否両論が出されていたルイス委員会にとっては、ある意味で妥協のために持ち出されたものと見ることができる。それを証明するかのように、ルイス委員会でマクローリンの案を基にした新学部の設置議論が始まると、それまでの拡大派と反対派の対立は、すっかりなりをひそめてしまうのである。この点は、戦後の MIT の歴史を学内史、およびアメリカの教育史的視点から論じた政治史家・教育史家のリチャード・フリーランドの「ルイス委員会は、［学内の］対立を最小限に抑えることで、その後の組織的変革に道筋をつけた」との指摘からもうかがえる。[23]

　人間関係学部設置案が人文・社会科学教育をめぐる対立を鎮静化させる提案となりえたのは、同案が次のような内容や構想を具備したものだったからであった。まず、人文・社会科学教育の拡大派にしてみれば、人文科学部を再編し、専門学部と「同等の基盤を持った」部局とすべき、との構想が重要であった。「同等の基盤」とは、学位の授与や科目の設定に関して、専門学部と「同等の」権限を持つ部局を意味した。[24] もし人間関係学部が、専門学部と同等の学位の授与権や科目の設定権を持つ部局に再編されれば、科学研究の推進や工科大学としての特質の保持を唱える勢力に配慮することなく、人文・社会科学科目の拡大と提供を自由に行うことができるようになるはずである。

　一方、反対派にとっては、人間関係学部では他大学とは異なった、自然科学科目と結合させた人文・社会科学科目が提供されるとの提案が重要であった。人間関係学部設置案においては、たとえば歴史科目の場合、企業経営史や科学史、技術史などが提供されるとされた。[25] こうした内容や構想が科学研究を推進する立場や、工科大学としての MIT の特質の保持を唱える立場から譲歩を引き出す効果を持ったのである。こうしてルイス委員会は、1948年 1 月以降、マクローリンの人間関係学部設置案を基に、新学部の設置をめぐる議論を開始する。これ以降のルイス委員会の議論に関して、本章において重要なのは、新学部において、人文・社会科学の「教育」のみならず「研究」機能も取り入れられたこと、そして、それらの研究のなかでも、国際関係学が重視されはじめたことである。

(3) 人文・社会科学の「研究」機能

　1948年1月の第45回会合において、マクローリンの人間関係学部設置案を土台とした「管理・人間関係学部」設置案が議論の俎上に載せられた[26]。そして、次の第46回会合には、マクローリンが招聘され、委員との協議の結果、管理・人間関係学部の概略が以下のように決まった。そこで同学部は、教育機能とともに研究機能を持った組織とされることになった。

　　専門的学習および研究の主な領域
　　哲学および歴史（とくに科学史、産業史）
　　経営学
　　心理学および産業関係
　　経済学および政治学
　　［以下略］[27]

　どのような経緯でこの日の会合において、管理・人間関係学部を研究組織とする構想が持ち上がったのかは定かではない。しかし、委員の1人であるソダーバーグは、その3日前のメモで、MITの目的を「人間福祉のために科学を応用」することとしたうえで、MITが取り組むべき研究領域として次の5つを挙げている。その内の3つは、技術教育、物理学、建築学というすでにMITが研究に取り組む分野であったが、注目すべきは、管理・人間関係および社会科学という2つの分野が付け加えられていたことであった。もっとも、学長のコンプトンは、人文・社会科学の「研究」、およびそれらの科目を大学院で提供することまで想定していたわけでなかった。1947年7月にコンプトンは、「言語学などの特定の分野は、補助機関として維持すべきであって、それらの分野でMITが学位を授与することは決してないだろう」と述べ、人文・社会科学に関しては、あくまでも「教育」のみを、しかもMITの科学研究に対する補助教育として拡充させるべきとの考えを示していた[28]。しかし、ソダーバーグはコンプトンの主張に反するかのような考えを持っていた。それは、「現在は、社会科学と管理が重視されるにふさわしい時代である。物理学が技術教育の補助的分野から独立した地位を持つ学科に発展したことが今世紀の

第4章　冷戦の展開とソ連研究の途絶

MITの特徴であったが、今や社会科学も同じ道をたどるべきである」というものであった。そのことがMITの一般教育の充実にも寄与するとの考えも示している。[29]

ソダーバーグが、ここでは社会科学のみではあったが、その研究の必要性をここまで前面に打ち出した背景には、冷戦を背景とする当時の国際社会の状況と、それに呼応して生じた社会科学の必要性への認識の高まりがあった。

第二次大戦期のアメリカに見られる全般的な傾向として、自然科学が戦後も連邦政府からの援助を受け続けたのとは対照的に、社会科学に対する支援は激減した。連邦政府に代わり、社会科学研究への支援に乗り出したのが、**第2章**でも見たように、財団であった。それらの財団には、アメリカは今や世界で主要な力を持つようになっているにもかかわらず、地球上のほとんどの地域に関する基礎的な知識を持ち合わせていない、との認識が存在した。そのため、社会科学の研究を通じて、ジャーナリストのレポート以上のより細かく、より深く、そしてより信頼に足る知識の生産と蓄積を大学に求めはじめたのである。[30]

MITはカーネギー財団から1946年からの3年間に、約8万ドルの支援を得たが、同財団がMITにおいてとくに重要視したのは、国際関係学であった。[31]それは、次のような論理からであった。世界の平和のためには、連邦政府が「賢明かつ一貫した外交政策」をとる必要があり、その実行には、世論の理解と支持が必要である。それを得るためには、政府の政策に理解を持つ市民を大学で育成することが必要である。そして、そうした市民の教育を大学において可能にするには、国際関係学に関する基礎的な知識の蓄積などが不可欠である、というのがそれである。またロックフェラー財団も、MITへの援助額はカーネギー財団の10分の1程度であったが、国際関係学への支援に力を入れていた。[32] MITの経済・社会科学科では、1945年度に「国際関係学のスタッフが大幅に増員され」、また「ロックフェラー財団の資金援助を受け、国際関係学の新しい教材作りの準備が開始された」のである。[33]

こうしたMITにおける社会科学、わけても国際関係学の充実にさらなる追い風になったのが、学生の国際関係学への関心の高まりであった。1947年に経済・社会科学科は、「本学科が4年生用の選択科目として提供している国際関係学の人気」の高まりに触れ、それは学生が「合衆国の外交政策の展開に関心

111

を持っている証左である」と指摘している[34]。

　こうした人文・社会科学研究、わけても国際関係学研究の充実とそれへの需要の高まりの流れのなかで、ルイス委員会は管理・人間関係学部を人文・社会科学の研究組織とする構想を練り上げていく。議論は、1948年4月までにはほぼ終了し、その後は報告書の草稿作りが主な任務となった。そして1949年12月、報告書の完成とともに「人文・社会科学部」の設置が提言されたのである。ここで人文・社会科学部は、「研究者たちに、この分野で他の分野と同様に、高度な研究を行う機会を提供する」組織であるとそのミッションが掲げられたのである[35]。

　ここで注目すべき点は、人文・社会科学部の研究は自然科学と結合したものとされていたことであった。先に見たソダーバーグのメモの続きには、「MITの将来の運命は、これらの分野がどの程度調和しているかによって決定される」と記されていた[36]。つまり、ソダーバーグは、人文・社会科学研究と自然科学研究の結合の必要性を認識していたのであるが、人文科学部長のロバート・カードウェル（Robert Cardwell）もまた、新学部には「主に科学やテクノロジーの影響で発生した人間と社会との問題の研究に関心を持つ研究者」が集まるであろうとの見解をルイス委員会への書簡において示している[37]。あくまでも自然科学との関わりという位置づけであったが、これらの史料からは人文・社会科学の「研究」を推進し、発展させようという意思がうかがえる。

　こうして1950年12月、人文・社会科学部が発足し、初代学部長にはバーカードが就任した。**第2章**で述べたように、1950年11月に始動するトロイ計画の責任者を務めたのも彼であった。コンプトンの後任として1949年4月に MIT の学長に就任したジェイムズ・キリアンは、のちに、トロイ計画の責任者にバーカードが任命された理由について、次のように述べている。「彼は建築家であって、科学者ではない。しかし、科学研究開発局（ママ）において技術者集団とともに立派に任務をこなし、そしてもちろん、社会科学と人文科学に幅広く通じているからである」と[38]。こうした評価から見るに、人文科学から自然科学まで通じているとされるバーカードの個人的資質が、学際的研究を目指したトロイ計画の責任者にふさわしいと見なされたのであろう。

　ただ、人文・社会科学部自体が、以上のような MIT に独特の特色を有して

いたことは、MIT がトロイ計画を引き入れる大きな土台となったと見られる。あるいは、反対に、新設される人文・社会科学部の存在感を引きだすために、MIT は国務省の依頼を引き受け、トロイ計画を実施したのかもしれない。いずれにせよ、人文・社会科学部の設置という出来事は、MIT にトロイ計画を引き入れる基盤となったという意味において、学内行政を超える歴史的意義を持っていた。そして、MIT に人文・社会科学の「研究」、とくに国際関係に関する研究を根づかせようという意識は、MIT のソ連研究の行く末に大きな影響を及ぼすことになるのである。

写4-2 ジュリアス・ストラットン

出所：http://web.mit.edu/cis/pdf/Panel_ORIGINS.pdf accessed June 4, 2016

第3節　MIT におけるソ連研究の開始

（1）トロイ・プラスと「センター」の新設構想

　トロイ計画が終了し、クライアントである国務省に提出する報告書が作成されていた頃、1949年4月に MIT の学長に就任したジェイムズ・キリアンは、トロイ計画の第2段階の研究を実施すべく研究の組織化に着手した。彼は、トロイ計画を引き継ぐソ連研究のテーマとして「現代ソ連社会の研究」を掲げ、かつ、それを遂行するための恒久的な組織を MIT に立ち上げる準備を開始したのである。1951年2月にトロイ計画の報告書が国務省に提出されると、キリアンは、MIT に対してトロイ計画を依頼した国務次官ジェイムズ・ウェッブと国務省高官、それに MIT の副学長となったジュリアス・ストラットン（写4-2）、人文・社会科学部長ジョン・バーカードらと会合を持ち、トロイ計画の第2段階の研究を MIT において開始する合意を取りつけた。

　キリアンがトロイ計画の第2段階の実施にかくも熱心に取り組んだのは、MIT に新たな「センター」を設置し、その資金を連邦政府、とくにトロイ計画のスポンサーだった国務省から獲得しようという意図があったからである。

1951年2月、「MITプロジェクトの1つとしてのトロイ・プラスの組織」という書面においてキリアンは、トロイ計画の学際的で地域研究的な面をさらに発展させ、「トロイ・プラス」というソ連の内実に迫るための研究を実施する計画を発表した。加えて、キリアンは、「［MITがトロイ・プラスを実施すれば、］このプロジェクトのために国務次官と次官補が任命されるはずであり、彼らを通して、国務省との直接的な関係ができるだろう」との期待をにじませていた。しかし、この時点では、設置を目指す「センター」の名称もセンター長も決まってはいなかった[41]。

　そこで、キリアンは、まず「センター」を率いる所長の人選に取りかかった。候補に挙がったのは、経済学者のリチャード・ビッセル（Richard Bissell）であった。彼は、イェール大学におけるロストウとのちにMITCISの初代センター長に就任するミリカンの恩師であった。ビッセルは、第二次大戦期にはミリカンとともに連邦政府機関である戦時船舶局に所属し、大戦後には、1947年6月に発表されたマーシャル・プランの策定に関わるなど、連邦政府に重用された経済学者であった。マーシャル・プランとは、1947年3月に発表されたトルーマン・ドクトリンにおいて示された合衆国は自由世界の盟主として世界に対し積極的に関与していくとの姿勢を経済政策の面において具体化させた政策である。その後の1948年、ビッセルはMITの経済・社会科学科に加わった[42]。学問的能力にも優れ、また連邦政府とのパイプも有するビッセルは、キリアンにしてみれば、「センター」の所長にうってつけの人物であった。

　キリアンから「センター」の所長への就任を打診されたビッセルは、すぐにそれを受諾したようである。キリアンは、1951年2月28日付のウェッブ宛て書簡において、ビッセルが「［トロイ］計画を継続する責任者として活動することになった」と報告している[43]。加えてキリアンは、1951年8月31日付の書簡において、コロンビア大学ロシア研究所教授のフィリップ・モーズリーに、設置される「センター」の顧問委員会への参加を求めている[44]。ここでモーズリーが登場することに違和感を覚える向きもあるかもしれない。なぜなら、**第2章**にて論じたように、1946年にコロンビア大学に設置されたロシア研究所は、少なくとも所長のジェロイド・ロビンソンの意向としては、国家や社会との関係構築を拒否し、学生の教育に注力する組織を目指していたからである。しかし、

1951年の春から秋にかけては、トロイ・プラスと「センター」の方向性が大きく転換しようとしていた時期であった。それは、トロイ・プラス、および「センター」への資金拠出組織が、国務省からCIAに移行したことに端的に表れていた。

（2） 国務省からCIAへ——反共主義の跋扈するアメリカ政治

　上で述べたように、キリアンは1951年2月末、国務次官のウェッブに宛てて、「センター」の所長にビッセルが決まったという報告をしている。このことから見て、少なくともこの時期までは、国務省はMITのトロイ・プラスとそれを実現させる組織の設置を支援する構えであったと見てよい。しかし、1951年の中頃になると、国務省内ではMITが新設を目指す「センター」への資金拠出はすべきでない、との意見が大勢を占めるようになった。これについて、のちにミリカンとロストウは、大統領トルーマンの下での財政緊縮政策の影響であると述べているが、原因はそれだけではない。国務省がMITへの資金支援から手を引かざるをえなくなった理由は、以下に見るように、この時期、国務省が反共主義者からの攻撃にさらされていたことにもあった。

　アメリカで反共主義が高まりを見せはじめたのは1946年頃からであった。その風潮のなかでは、連邦政府の冷戦政策を世界平和を脅かすものであるとして批判する議論は左翼的・共産主義的と見なされ、批判にさらされることになった。さらに学術世界もそうした批判と無縁ではなかった。第2章で触れた、ハーヴァード大学ロシア研究センターのスチュアート・ヒューズが副所長職を解任されるという事件がその代表例である。

　こうした1940年代後半にアメリカに蔓延した反共主義がさらにヒステリックな様相を呈するきっかけとなったのが、1949年10月の中華人民共和国の建国ならびに1950年6月に勃発した朝鮮戦争であった。本章との関連で言えば、朝鮮戦争の開戦が重要であった。これにより、連邦政府内に存在した冷戦拡大へのとまどいは消え去り、強硬路線が台頭してきたからである。連邦政府内には、開戦当初、朝鮮戦争に対し、楽観的な見方が支配的であった。しかし、戦況が徐々に行き詰まりを見せるなかで、1951年春頃から、その責任を国務省の政策に帰する議論が台頭してきた。[45]

この時期に、国務省を批判した主に共和党員や反共主義者は、民主党の前大統領フランクリン・ローズヴェルトにまでさかのぼって批判的議論を繰り広げた。彼らは、ローズヴェルト前大統領が1945年2月のヤルタ会談にてソ連に譲歩したことが、第二次大戦後のソ連の台頭を許した、と主張するのである。彼らの主張においては、1940年代後半のジョージ・マーシャル前国務長官や1951年に国務長官であったディーン・アチソンも容共的人物と見なされた[46]。加えて、批判者たちは、ローズヴェルトの亡霊によってジョセフ・グルー（Joseph Grew）のような反共主義者が国務省を追われた代わりに、国務省の中枢に容共的な人物、あるいは正真正銘の共産主義者がはびこることになった、とも叫んでいた[47]。ローズヴェルト、トルーマン両民主党政権の影響下に置かれていた国務省は今や共産主義組織の温床になっているという、この後段の主張は、朝鮮戦争が勃発する数ヶ月前の1950年2月9日の共和党の上院議員ジョセフ・マッカーシーによる、共産主義者で今なお国務省に勤務している者のリストを入手したとの爆弾発言と共振し、その主張内容をさらに増幅させることになった。
　このようにマッカーシズムの台頭や朝鮮戦争の予期せぬ長期化に伴い、共産主義組織の巣窟とまで見なされていた国務省からすれば、MITのソ連研究としてのトロイ・プラス、およびその組織的基盤となる「センター」の設置に資金を提供することは、左翼に安全な避難所を提供しているとして、さらなる攻撃を惹起する可能性すらあったのである。この点にこそ、国務省がMITへの資金提供から手を引かざるをえなかった根本的な理由があったのである。
　ただし、これで「センター」への連邦資金投入の可能性がついえたわけではない。国務省に代わり、CIAがMITの「センター」への資金拠出に名乗りを上げたのである[48]。CIAは、合衆国政府の機密情報の管理責任を持っていることから、局員の採用にあたっての身辺調査も十分に行われていると見なされるなど、連邦政府内でも信頼の置かれていた機関であった。ゆえに、CIAは国務省とは異なり、反共主義の攻撃にさらされることはなかった。さらにCIAは、その資金を提供先がどのように使っているかについて自身で監督する責任はなかった[49]。つまり、CIAがMITのスポンサーに名乗りを上げた理由は、国務省に比べると情報機関であるがゆえに反共主義の攻撃をかわしやすく、ひいては、MITへの援助に関する批判をかわすことができると判断したからであっ

第4章　冷戦の展開とソ連研究の途絶

た。ちなみに、このとき CIA の副長官を務めていたのはアレン・ダレスであった。彼は次のドワイト・D・アイゼンハワー政権下で国務長官を務めることになるジョン・フォスター・ダレス（当時は国務省顧問）の弟であった。この兄弟関係も国務省に代わり CIA が MIT への支援に乗り出した背景にあったのかもしれない。ともかく、MIT のトロイ・プラス、および「センター」新設の新たなスポンサーとなった CIA は、MIT がいかに支援資金を運用しているかを監督する責任はなかった。ただし、研究課題については、MIT を拘束する方針をとることになる。反共主義が跋扈する国内政治状況下で CIA は、MIT が新設を目指す「センター」に、NSC が安全保障政策の策定に有効だと認定する研究課題を取り組ませることを決めたのである。CIA が NSC の方針に従って活動することは、CIA の設置を定めた1947年の国家安全保障法においてすでに定められていた[51]。

　この CIA の方針に対し、MIT 学長のキリアンは、内心では「このことは、幸運なことではなかった」と考えていた。なぜなら、「CIA の資金が流入しているということは、のちに『センター』が自由に仕事をするにあたり、問題を投げかける」可能性があったからである。ここに記されている「自由に仕事をする」という言葉からは、政府機関に接近するのはあくまでも資金源を確保し、研究の後ろ盾を得るためであったことがうかがえる。また、MIT としてはトロイ計画の経験からして国務省との関係を築くことには問題はなかったものの、情報機関である CIA は、国務省とは同じ連邦政府機関であっても、全く性質の異なる機関に映っていたこともうかがえる。しかし、最終的には、「研究のうちいくつかを機密扱いにすることを含むこの取り決め［国務省に代わり、CIA が研究所に資金提供すること］を受け入れた」のである[52]。さらに、1951年春から秋にかけてのこの時期、「センター」所長への就任が決まっていたビッセルが突然それを辞退した[53]。理由は不明であるとされているが、この出来事自体が MIT を取り巻く国内政治状況の変化、および MIT のトロイ・プラスと「センター」の方向性が変化したことを象徴的に示すものであった。

（3）　トロイ・プラスから「ソ連の脆弱性に関する研究」へ

　このような政治状況のなかで、トロイ・プラスが実行されようとしていた。

117

写4-3 ウォルト・ロストウ

本節の（1）で触れたように、当初キリアンは、トロイ・プラスを「現代ソ連社会の研究」として実行しようとしていた。しかし、1951年8月から9月にかけて開かれた国防総省などとの協議をふまえ、トロイ・プラスは、「ソ連の脆弱性に関する研究」として実施されることになった[54]。これに呼応するかのように、キリアンは、1951年9月20日付の書簡において、当時プリンストンで研究に従事していたジョージ・ケナンに対して、設置される「センター」の顧問委員会に加わるよう要請した。ケナンはキリアンの要請に関心を示しつつも多忙を理由に固辞したが、この要請はセンターのソ連研究が学術研究というより、政策提言的なものとして実行されつつあったことを示唆している[55]。さらに前月には、国防総省からキリアンの下に、「ソ連の脆弱性に関する研究」に参加する士官として陸軍、海軍、空軍からそれぞれ1名ずつを推薦する書簡が届けられていた[56]。このように国防総省などからの期待、またスポンサーとしてCIAが付いたことからすれば、「ソ連の脆弱性に関する研究」は、学際的で地域研究的で、ソ連の内実に迫ろうとしていたトロイ・プラスよりも、冷戦的で政策提言的な学知としての側面を強くしようとしていたと言える。

　キリアンは、この「ソ連の脆弱性に関する研究」の責任者に経済史家のロストウを任命した。ロストウ（写4-3）は、1916年、ニューヨークのロシア系ユダヤ人移民の家庭に生まれた。彼のファースト・ネームおよびミドル・ネームは、民主的な社会政策を信奉し、アメリカへの同化にも積極的であった父親が、アメリカの詩人、ウォルト・ホイットマンにちなんで名づけたものであった。ロストウは、16歳にしてイェール大学に入学を許可された天才であった。入学初年にして、ロストウは、マルクスの発展史観に対抗しうる経済・社会理論の構築を研究の目的に据えたという。ロストウは、1940年、24歳の若さでイェール大学から経済史の博士号を授与された。彼はこの時代の他のソ連研究者に比べると、格段に若い世代であった。1941年、第二次大戦中であったことから、ロストウは、ウィリアム・ドノヴァンを長に設置された情報調整局（第

第4章　冷戦の展開とソ連研究の途絶

1章参照)の経済研究部門でソ連経済の研究に、次いで異動した空軍では、ドイツへの爆撃の効果を測定する研究に従事した。ロストウは1950年に MIT の経済学の教授に就任した後、ヨーロッパ各国で研究活動を行っていたが、1952年の MITCIS の設置に伴い、同センターに所属することになる。[57]

ロストウのソ連研究は、MIT とハーヴァード大学との共同研究として進められた。そもそも MIT 学長のキリアンは、トロイ計画の第2段階を構想する段階で、ハーヴァード大学学長のジェイムズ・コナントに協力を求めていた。第2章でも触れたように、コナントはトロイ計画に係る責任については MIT が負うべきものであるとの認識を示していた。ただし、あわせて彼は「ハーヴァード大学が『[トロイ]計画の第2段階』に協力し、[新設されるであろうセンターの]顧問委員会に委員を送る用意があることを」キリアンに伝えてきた、という。[58]

ここには、トロイ計画の第2段階、すなわちトロイ・プラスに対していかなる立場をとるべきかをめぐる、ハーヴァード大学の微妙な判断が表出している。コナントがキリアンに対し、トロイ計画に関するすべての責任は MIT が負うべきとした1つの理由としては、反共主義への配慮があった。[59] もう1つは、コナントが言うところの、ハーヴァード大学に存在した機密研究への制限であった。しかしながら、そうしたハーヴァード大学にとっても、研究資金入手の可能性は魅力的であった。かつてジャーナリストとして冷戦期の学術研究と政府との関係を追い、大学教授に転じたクリストファー・シンプソンは、こう指摘する。機密研究への従事が制限されていたハーヴァード大学にあっても、コナントは MIT にて遂行されるトロイ・プラスと、その後の「センター」との関係を構築することができれば、MIT を隠れ蓑として政府の機密研究に従事し、資金を獲得することができるとふんでいた、と。[60] 他方、MIT 側にも、ハーヴァード大学との連携強化の動きがあった。一例を挙げれば、1951年7月、新設が検討されていた「センター」の名称は、ハーヴァード大学の研究者もなじむことのできるものとすべきとする提案が MIT の研究者側からなされている。[61]

このように MIT とハーヴァード大学との関係が緊密化するなかで、ソ連研究の専門家ではなかったロストウは、ソ連研究の遂行にあたり、さまざまな人

物から協力を得ようとした。まず、ハーヴァード大学ロシア研究センターからは、クライド・クラックホーン、アレックス・インケルス、レイモンド・A・バウワー、バリントン・ムーアから協力を得ることになった。彼らハーヴァード大学の教員がロストウの研究に加わる際には、その分の給与はMITが補てんすることも取り決められた[62]。またロストウは、コロンビア大学ロシア研究所のモーズリー、国務省のソ連専門家チャールズ・ボーレン、1953年にCIA長官となったA・ダレスらにも協力を要請した。

さらにロストウには、彼の研究を直接補佐する助手も付いた。その1人はハーヴァード大学歴史学部の学生であったロバート・ダニエルズ（Robert Daniels）である。彼は、資料の蒐集、草稿の執筆、原稿の最終チェックを担当した。こうした体制の下で1951年10月、ロストウを責任者とする「ソ連の脆弱性に関する研究」が開始されたのである[63]。

MITは、なぜロストウをソ連研究に従事させたのか、あるいは、CIAの資金が拠出されていた「ソ連の脆弱性に関する研究」に、どうして専門家ではない者が関与し、遂行することが許されたのか。それは、一言でいえば、第二次大戦期の戦時機関における研究を経験した学術研究者の自信にあった。

第二次大戦期の連邦政府機関であり、戦時機関であったOSSやOWIで研究に従事していた研究者の労働環境は、決して恵まれたものではなかった。研究課題は、多くの場合、他の連邦政府機関から依頼されたものであり、研究者が自ら課題を設定することはまれであった。しかも研究者は、たった数日で、膨大なページ数の報告書を書き上げなければならなかった。戦時機関の研究者にとっては、大きなプレッシャーと戦う日々の繰り返しであった[64]。多くの研究者が疲弊するなか、ロストウやミリカンといった、若く、才能に恵まれ、かつ学問的野心に駆られていた研究者たちは、戦時機関における過酷な研究経験を潜りぬけた体験から、それが自分の専門でなかろうとも、課せられた研究課題は短期間で達成できるという自信を身につけたのである。MITからソ連研究の遂行というミッションを課せられたロストウにとっては、自分がソ連研究の専門家でないことは問題ではなかったのであり、また周囲もそのことを問題視することはなかった。ロストウが誰の疑念をも抱かせないほどの天才であったことも、そうした傾向に拍車をかけた[65]。しかし、その自信がソ連研究を途絶させ

る1つの要因となっていく。

第4節　近代化論の影とソ連研究の途絶

（1）　MITCIS の設置とフォード財団

ロストウをはじめとする研究チーム がソ連研究を開始して数ヶ月後の1952年2月、キリアンら MIT 上層部待望の「センター」が、国際問題研究センターという名称で誕生した。センター長に就任したのは、マックス・ミリカン（写4-4）であった。彼はイェール大学でソ連を対象とした国民所得を測定する研究に取り組み、経済学の博士号を授与された経済学者であった。ミリカンは、イェール大学の学生時代から

写4-4　マックス・ミリカン

出所：http://web.mit.edu/cis/pdf/Panel_ORIGINS.pdf accessed June 4, 2016

ロストウとは旧知の仲であった。彼は、それまで CIA の副局長として経済分野の情報分析の責任者を務めており、1951年8月頃に CIA を離れ、MIT に復帰する予定であったが、6ヶ月遅れのこの時期に MIT にテニュアを持った経済学の教授として復帰した。ところがこのミリカンの所長就任は、ロストウらの「ソ連の脆弱性に関する研究」を促進するものとはならなかった。

MITCIS を設置し、ミリカンを長に据えた MIT 執行部には、MITCIS の組織的維持のために、外部からの資金援助を確実に獲得したいという目論みがあった。これに沿って、ミリカンはまず、フォード財団との接触を試みることとし、1952年4月8日、同財団の H・ローワン・ゲイサー（H. Rowan Gaither）に書簡を送り、資金提供を要請した。そのなかでミリカンは、「MITCIS は MIT における社会科学および人文科学の分野において、その研究を拡大するための［中略］長期的な研究を実施する機関として構想されました」と述べている。ここに、ミリカン、および MIT 執行部のある意向を見出すことができる。それは、MIT を自然科学のみならず、人文科学、および社会科学の研究機関とするという構想を、学内に確実な形で根づかせようというものであった。この構想は、第2節で見たように、第二次大戦後の MIT の学内議論を通じて生ま

れたもので、その成果は1950年12月に人文・社会科学部の設置として一応の結実は見ていた。

ただし、フォード財団に資金提供を求めることは、MITCIS がフォード財団の意向に規定されることをも意味した。フォード財団は、連邦政府と同様、1949年の中華人民共和国の建国を脅威と捉えていた。同財団は、中国の建国により、アメリカが国際政治上の利益を「失った」と認識しており、共産主義国家のこれ以上の世界への拡大を防ぐべく、途上国、とくに南アジアの経済開発に関する外交政策の研究が必要だと考えていた。[69] このフォード財団の認識を理解し、共有する姿勢をもアピールするかのように、ミリカンは、先の書簡において、MITCIS の研究目的は、「基礎的な社会科学研究を現代世界の紛争における合衆国の外交政策が抱える問題に応用することです」と述べたのであった。[70] これは、フォード財団に接近するための単なる方便にとどまらず、のちに MITCIS を近代化論に向かわせる伏線になることになる。

こうした MITCIS のフォード財団への接近は、組織の恒久的維持という MIT 執行部が目論む目的以上の影響を MITCIS にもたらすことにもなった。端的に言えば、それは、1952年以降、MITCIS のプロジェクトとして推進されたロストウらの「ソ連の脆弱性に関する研究」の変転であった。

上述のように、ロストウのソ連研究は、ハーヴァード大学との密接な関係のなかで遂行されていたものであったが、MITCIS が立ち上がったあとには、同顧問委員会に、ハーヴァード大学副学長のバックと公共政策大学院長のエドワード・メイソンが、さらに執行委員会にはクラックホーンが加わることになった。[71]

ロストウらが「ソ連の脆弱性に関する研究」に取り組んでいた1951年秋以降から1952年にかけての時期は、**第3章**で扱ったハーヴァード大学ロシア研究センターが RIP を実施していた時期とほぼ重なる。RIP を実施しつつも、ロシア研究センターの研究者が「ソ連の脆弱性に関する研究」、および MITCIS に協力したのは、ロシア研究センターの所長であるクラックホーンが、それに意義を見出していたからに他ならない。その意義とは、機密研究であったトロイ計画を、恒久的で学際的な公の研究所にて継続させることにあった。その一方で、クラックホーンは、トロイ計画後に MIT で遂行されるソ連研究がもし機

密扱いのまま遂行されれば、トロイ計画を通して得られた重要な知識が、学術世界から失われてしまいかねない、との懸念も抱いていた。クラックホーンは、この懸念をMIT学長のキリアン、副学長のストラットンとの面会時に伝えていた[72]。しかし、トロイ計画の継続研究として企図されたトロイ・プラス、そしてそれを変形して開始されたロストウらの「ソ連の脆弱性に関する研究」では、そうしたクラックホーンの懸念が現実のものとなっていく。

そもそもMITCISの一部はMITの制限区域に置かれており、そこに「ソ連の脆弱性に関する研究」に関する資料が保管されていた。それらの史料は、複数の連邦政府機関から最高機密に指定されていたこともあり、書庫の前には警備員が常駐していた。

このようにMITCISのソ連研究が機密化の方向に向かうのを見てか、ハーヴァード大学は、MITCISの顧問委員会等に委員を送りながらも、MITCISの運営に関する自大学の権限をMITに求めることはなかった。MITCISで近代化論研究に従事し、同センターの歴史を記したドナルド・ブラックマー（Donald Blackmer）は、「機密研究へのハーヴァード大学の反感が、[MITCISの運営に]公式に参加することを防ぐ役割を果たしたのだろう」と推測している。もっとも、ブラックマーは、MITCISとハーヴァード大学との私的なつながりは継続して存在していたことも指摘する[73]。

このような状況のなかで、ロストウらのグループは、1952年10月には、ホワイトハウス宛てに「ソ連の脆弱性に関する研究」の成果として「ソ連の脆弱性およびソ連の東欧衛星諸国への政治戦」を提出した。この報告書は、ソ連政府による自国民や領土への支配を掘り崩す戦略の考案を目的としたものであり、複数の外交上の政策案とプロパガンダ案が提示されていた[74]。

政策決定者は、この報告書の「合衆国はソ連にとって重要な地域、とくにウクライナとアルメニアをソ連から離脱させることが可能なのか」、という論点に着目し、その方策について政府内で熱心な議論を交わしたという。しかし、本章において重要なのは、ロストウらがこの論点を強化すべく用意した付録である。そこには、東欧をソ連の衛星国から切り離すための手段、ラジオ放送の拡充・強化、それにソ連の指導者スターリンが死去した場合を想定した行動計画が盛り込まれていた。この付録は、1952年２月にハーヴァード大学ロシア

研究センターがスターリン死後のソ連で発生しうる事例を予測した研究、「スターリン死後に想定される出来事についてのいくつかの非公式の考察」を基に用意されたものであったが、この論点がやがて「ソ連の脆弱性に関する研究」に対し、学知としての意義の問い直しを迫ることになるのである[75]。

(2) 興隆する近代化論と衰退するソ連研究

　ロストウらが「ソ連の脆弱性に関する研究」に取り組むなか、MITCIS はさらなる組織変化を遂げようとしていた。ミリカンは1953年6月、政治学者で第二次大戦期にはナチスのプロパガンダについて研究していたイシエル・デ・ソラ・プール（Ithiel de Sola Pool）を准教授に迎えた。彼を中心とする国際コミュニケーション研究に対しては、プール着任前の1952年7月にフォード財団が4年間に87万5千ドルを提供することを決定していた[76]。またミリカンは、社会学者のラーナー、経済学者のポール・ローゼンシュタイン＝ロダン（Paul Rosenstein-Rodan）を教授として、また同じく経済学者のエバレット・ハーゲン（Everett Hagen）を上席研究員としてセンターに迎えた[77]。これらの学者たちは、のちに近代化論の構築に関わることになる人物である。たとえば、ラーナーは、近代化する社会における個人の内面の特徴を描き出し、ロダンは MITCIS が作成する経済発展の理論の構築に寄与した[78]。

　こうした組織編制と連動するかのように、この時期の MITCIS は「世界の平和と発展に関わる問題に社会科学を応用すること」という目標を掲げるようになった[79]。ここにおいて、MITCIS は、トロイ・プラスとしてソ連研究を実施する機関という当初の目的とは異なる方向性を目指すことを明確化することになった。実際に、この MITCIS の変転を予兆させる出来事も生じていた。第3節の（1）で述べたように、コロンビア大学ロシア研究所のモーズリーは、MIT 学長のキリアンから MITCIS の顧問委員会への参加を要請されていたが、要請の約1年後の1952年9月2日、ミリカン宛の書簡でこれを拒否した[80]。書簡には明確な理由は示されていないが、実のところ、モーズリーは別の面で連邦政府や軍部と関わりはじめていた。これについては次章にて詳述する。

　折しも、合衆国の政治状況も、もはやソ連研究を必要とせぬ土壌を形成しはじめていた。1952年12月の大統領選挙で共和党から出馬したアイゼンハワーが

第4章　冷戦の展開とソ連研究の途絶

当選し、あわせて、同年の上下両院の改選選挙によって共和党が党勢を拡大したのである。1953年1月に開会した第83議会において、共和党、とくに孤立主義を強く主張する一派は、民主党政権が実施してきた海外への経済援助に批判の声を上げた。トルーマン前政権は、1949年1月から途上国への経済援助であるポイント・フォア計画を実施してきており、その当初から共和党は、同計画はローズヴェルト元大統領のニューディール政策を世界的に拡大した政策であるとして反対の姿勢を示していた。しかし、民主党と拮抗するまでの党勢を獲得した共和党は、第83議会において、膨大な資源を経済援助に充てることに、いかなる有効性があるのかという疑義を声高に叫ぶようになった。さらに共和党は、合衆国の経済援助の対象国に対して「見返り」として政治的・軍事的行動に関する特別な要求を盛り込むべきと主張するようになった。[81]

それと軌を一にするかのように、MITCIS の設立から約1年後の1953年3月、MIT 学長のキリアンは、国家安全保障担当の大統領補佐官ロバート・カトラーに送った文書において、MITCIS の「主要な目的の1つは、国家間のコミュニケーション方法を研究すること」であり、「ここで使っている『コミュニケーション』とは、理念（ideas）の伝達という広い意味です」と伝えている。[82] この文書が重要なのは、この時期の MITCIS がトロイ・プラスとして構想されていたソ連社会の研究という目的からも、またロストウらが取り組んでいた「ソ連の脆弱性に関する研究」という目的からも乖離する機関となっていたことがうかがい知れる点にある。そして、そのことは、1953年8月に MIT がまとめた報告書「国際問題研究センターの特質と諸目的」でさらに明確になる。同報告書は、まず「国際問題研究センターは、世界の平和と安定という問題に社会科学を応用することに専念する研究組織体である」と述べたうえで、第1章「研究と行動―センターの研究方法」では、諸国の経済成長の比較研究に専念すると宣言している。[83] 実際、この頃の MITCIS は、途上国地域における経済発展と政治的安定性に関する研究にも取り組みはじめていた。[84] この研究では、のちにロストウが「共産主義の病」と呼んだ、発展の途上にある国ぐにが、なぜ共産主義をかくも容易に受け入れてしまうのかを明らかにする研究に主眼が置かれていた。[85] ここにおいて、1960年代になって近代化論として結実することになる研究が姿を見せつつあることがうかがえる。それに対し、ソ連研

究は、同章第5節第2項「注目する地域」のなかで、共産主義地域の研究のケース・スタディの1つとして触れられているに過ぎず、その比率を急激に低下させていくのである[86]。

こうしたMITCISの変転のなかで、ロストウは1953年、先のホワイトハウスに提出した報告書の一部分を一般向けに書き下ろした『ソ連社会の動態性』を発表するのである。同書は、トロイ計画の単なる延長でも、またトロイ計画で重要視された心理戦を念頭に置いたソ連分析でもない書物であった。『ソ連社会の動態性』においてロストウは、まず前提として、ソ連政府にはなによりも権力を優先させる思考を持っており（ロストウはこれを「権力の優越性」と呼んでいる）、ゆえに強固な権力を獲得することに執着する国家であると指摘する。それをふまえ、ロストウは、ソ連の国内全体にわたる絶対的な「権力の優越性」の確立状況、およびソ連が外部世界に対して自国の権力を最大化しようとする動き、すなわち「権力の優越性」を世界大に拡大させようとする姿勢に分析を加えている[87]。ロストウにとっては、イデオロギーやナショナリズム、経済成長という問題は、ソ連という国家を考察する際にはさほど重要ではなかった。それらは、ある1人のソ連の指導者、すなわちスターリンが権力を追求する際に、自己の行動を正当化する目的で表面的に使用している言辞に過ぎないと考えられた[88]。

冷戦史家エンガマンは、ロストウの『ソ連社会の動態性』がはらむ問題について以下のように指摘する。同書は、ソ連共産党政治局の動向を対象とし、同局が解決する必要のある政治的な問題を取り上げたものに過ぎない。ロストウが『ソ連社会の動態性』にて論じているのは、ソ連「社会」ではなく、ソ連政治である。ゆえに、タイトルに含まれている「社会」という言葉は誤解を招くものであり、さらに、対象としているソ連政治もまったく「動態」的に描かれていない、と[89]。また、ブラックマーは、同書が入手可能な文献のみに依拠していること、第1稿をダニエルズをはじめとする助手達に執筆させていること、さらに、その草稿をソ連研究の専門家に送り、コメントを求めていることを挙げ、これらのことから、ロストウの研究は学術研究としての意義はないと評している[90]。コメントを求められた専門家にはコロンビア大学ロシア研究所のモーズリーも含まれていた[91]。もっともロストウ自身も、そうした問題を察していた

第4章　冷戦の展開とソ連研究の途絶

のか、この研究に関して「今年［1952年］、出会った人びとの手によって、この子ども向け案内書（Child's Guide）は良いもの、あるいはまともなものになったであろう」との言葉を漏らしている[92]。つまるところ、『ソ連社会の動態性』は、「天才」であったロストウの学術的限界の一端を露呈する書物であったのである。

　加えて『ソ連社会の動態性』には、さらなる問題も含まれていた。それは、ロストウの助手であったダニエルズが、1952年6月、ロストウの草稿を徹底的に批判する書簡をロストウに送り、あわせて、ロストウに同書の共著者から自分の名を取り除くよう求めたという出来事に見出すことができる。ダニエルズの批判は、『ソ連社会の動態性』の最終章にロストウが追加した「スターリン以後」でのロストウの議論に向けられていた。この章は、スターリンが死亡した後のソ連の権力闘争を分析した章であったが、これは、ホワイトハウスへの報告書であった「ソ連の脆弱性およびソ連の東欧衛星諸国への政治戦」では付録だった箇所である。

　「スターリン以後」の前段では、以下のことが論じられる。1952年10月のソ連共産党大会において政治局と組織局が廃止されたこと、それに1953年6月のスターリンの死去後、政権内部に見られた「スターリンの権力が［ゲオルギー・］マレンコフ（Georgy Malenkov）首相の手中に完全に渡るのを避けようとする」「権力の分散化」についてである。この部分においてロストウは、権力の分散化という動きは確かに「行政権の分散と官僚命令系統のある程度の自立」を促す動きであったと述べつつも、これは「市民的自由を求める大衆の熱意への真摯」な対応から生じた動きではなく、マレンコフに「スターリン権力」を再び集中させることを忌避した保安相のラヴレンチー・ベリア（Lavrentij Berija）との間で繰り広げられた政治闘争の結果生じたものに過ぎないと指摘する[93]。

　こうした前段におけるソ連政権内の権力闘争の動きをふまえ、後段においてロストウは、「ソ連政権がその国内権力を盤石なものとするため」にとる「外部世界に対する敵対的な姿勢」について考察する。ロストウは次のような議論を提示する。現在のソ連における権力の分散化の動きは、「ソ連帝国の最高権力が［海外に］膨張することの基本的な制約となっている」可能性はある[94]。し

かし、そのことをもって、「ソ連が将来どんな環境においても大きな侵略戦争を企てはしないだろう、ということにはならない」。ソ連は、国内の支配が貫徹できない場合には、「大戦争」を引き起こすことも辞さないであろう。なぜなら、ソ連という国家は、現状に代わる新たな統治秩序を創出するには、大戦争こそが「唯一の現実的な対策だと［中略］確信」しているからである。そして、そのことは、これまでの歴史が証明している、と[95]。第1章でも明らかにしたように、第二次大戦期のOSSに集ったソ連研究者たちは、ソ連は国際社会の一部に組み込まれており、自己の利益の追求のみをもって無謀な侵略戦争に乗り出す可能性はないと考えていた。しかし、『ソ連社会の動態性』においてロストウは、これとはまったく反対の認識を持っていたのであり、助手のダニエルズのロストウへの批判もまさにこの点に向けられていた。ロストウがさまざまな諸要因を捨象し、「権力の優越性」というただ1つの概念に還元して、ソ連の政治政策の非合理性を強調したことにダニエルズは反発したのである[96]。ダニエルズとロストウの論争は1年にもおよび、互いに禍根を残すことになったという[97]。そして、これらの理由が、ロストウの『ソ連社会の動態性』を一般はもとより学術世界においても知らしめていない一因にあると思われる。

　この後、ロストウはソ連研究から手を引き、『ソ連社会の動態性』の刊行から1年後の1954年には、ミリカンとともに、アイゼンハワー大統領宛てに「海外経済政策に関する覚書」なる報告書を執筆、提出する[98]。そして、これを契機に、ロストウをはじめとするMITCISの研究者は近代化論研究へと邁進する。一方、ソ連については、ロストウが『経済成長の諸段階』などの著作のなかで一例として挙げるだけのものと矮小化されてしまったのである。

（3）　ソ連研究の途絶と研究者の過信

　ここまでの議論を見ると、MITのソ連研究を途絶に向かわしめた要因の1つとして、ロストウがソ連研究の専門家でなかったことが挙げられる。それは、すでに指摘したように、この時期の研究者には、専門分野でなくとも研究課題を成し遂げることができるとの自信があったが、すでに、MITCISは、素人であるロストウのソ連研究を継続させるような組織ではなくなっていた。これまでに見たように、MITCISはソ連研究ではなく、主にフォード財団の

第4章　冷戦の展開とソ連研究の途絶

意向に沿ったコミュニケーション研究や途上国の経済開発に関する研究に従事することを目的とした組織に編制されていった。こうした問題志向的体制は、MITCIS の研究課題が現実の政治問題によって設定されることを意味していた。そのような MITCIS に所属する研究者は、研究時間の多くを自分自身のディシプリンを深める研究ではなく、実用的で政策に応用可能な研究に割くことが求められた[99]。こうした研究環境では、研究課題と研究者のディシプリンとの関係は希薄化する他なかった。それでもなお、自己の能力に自信を持って研究課題を遂行し、結果、学問的に有益な成果を残せなかったことは、研究者が持っていたものが自信というより過信であったと言う他ない。こうした MITCIS において、学術研究的なソ連研究はもとより、連邦政府や財団の関心がソ連ではなく、途上国の経済発展研究に向いたことで、政策提言的なソ連研究も存立の基盤を失った。こうして、1950年代初頭の MITCIS において、ソ連研究は途絶することになったのである。

小　括

　トロイ計画後の MIT におけるソ連研究が終焉に向かわざるをえなかった歴史的過程は複雑なものであった。トロイ計画が終了した直後から MIT 学長のキリアンは、国務省と交渉し、トロイ・プラスと呼ばれたソ連研究に継続的に取り組むための恒久的な「センター」の設置を目指していた。しかし、1951年の春から秋にかけての時期に、朝鮮戦争の膠着状態も相まって、マッカーシズムの攻撃を受けていた国務省は、MIT が設置するセンターへの資金援助を断念した。その代わりに CIA が連邦政府における援助組織として名乗りを上げたが、CIA は NSC の用に足る研究課題を MIT に要求する方針をとった。また、中国の「喪失」を危機と捉え、共産主義の世界への拡大を食い止めるべく、途上国への戦略的な経済援助および経済開発を求めるフォード財団の関心もあり、トロイ・プラスの実施母体として計画されていた「センター」の性格が変わっていく。そして、1952年2月、「国際問題研究センター」が設置されたこと、加えて、センター長に経済学者ミリカンが就任したことで、センター

の潮目が変わりはじめた。端的に言えば、MITCIS は近代化論研究の実施主体として編制されはじめたのであった。そのような環境のなかで遂行されていたロストウのソ連研究と、その成果として世に問われた『ソ連社会の動態性』は、もはや学問的なソ連研究に供されるものではなくなっていた。さらに、1953年にかけての時期には、連邦政府も財団も、ソ連よりも途上国の経済開発に関心を向けはじめたため、ソ連研究は学術研究的な面はもとより、政策提言的な面でも存立の余地を失い、途絶を余儀なくされたのである。もっとも、この合衆国政府とフォード財団の意向がそのまま近代化論と接続したとは言えない。この点については、結論にて詳述する。

　加えて、この過程で、見過ごされがちだが、「センター」がその中身をソ連研究（トロイ・プラス）から近代化論へかくも容易に入れ替えたのは、第二次大戦後の MIT において人文・社会科学部として初めて誕生した人文科学と社会科学の「研究」空間を維持・発展させようという学内の論理であった。「センター」の設置とそれを支える資金源を確保することが優先され、「センター」の中身である研究分野が犠牲になったとも言える。MITCIS の歴史が理解しづらい理由の一端には、学知と国家の緊張的な関係のみならず、そこに学知とはまた違う次元での学内行政の論理が存在したことにもあるのである。

1) Walt W. Rostow, *The Dynamics of Soviet Society* (New York: W. W. Norton, 1953). 本書には邦訳として、W. W. ロストフ（小野武雄訳）『近代ソ連社会史―社会主義社会の基本的考察』（国際文化研究所、1955年）があるが、本章の本文では、原題に忠実に『ソ連社会の動態性』との訳を用いるものとする。
2) 小野沢透「パフラヴィ朝イランと合衆国　1953～63年」紀平英作編『アメリカ民主主義の過去と現在―歴史からの視点』ミネルヴァ書房、2008年、第2節。
3) Massachusetts Institute of Technology, "Origins of the Center," accessed May 23, 2015, http://web.mit.edu/cis/pdf/Panel_ORIGINS.pdf; Christopher Simpson, "An Introduction," in *Universities and Empire: Money and Politics in the Social Sciences During the Cold War*, ed. Christopher Simpson (New York: The New Press, 1998), xvii–xviii.
4) MIT, "Troy Report, vol. III", Lot File 52-283, RG 59 (General Records of the Department of the State), NARA, 4, annex 11.
5) たとえば、Needell, *Science, Cold War, and the American State*, chap. 6.
6) Gilman, *Mandarins of the Future*, chap. 5; Engerman, *Know Your Enemy*, 50.

7) 梅根悟監修、世界教育史研究会編『世界教育史体系27―大学史Ⅱ』講談社、1974年、13頁。
8) 島田真杉「戦後秩序の中の豊かさと消費―復員兵・自動車労働者・48年選挙」『アメリカ史評論』第11号（1993年）、6頁。
9) Freeland, *Academia's Golden Age*, 74.
10) Freeland, *Academia's Golden Age*, 75; David D. Henry, *Challenges Past, Challenges Present: An Analysis of American Higher Education Since 1930* (San Francisco: Jossey-Bass, 1975), 70 からの引用。
11) Massachusetts Institute of Technology, *Massachusetts Institute of Technology Bulletin: President's Report Issue 1949-1950* (Cambridge: Massachusetts Institute of Technology, 1950: 以下、*President's Report Issue 1949-1950* のように略記), 25; id, *President's Report Issue 1945-1946* (1946) 44.
12) MIT, *President's Report Issue 1945-1946* (1946) 149.
13) "Report of Special Faculty Committee to Recommend Organization and Personnel for a Faculty Survey of Education at M. I. T.," Vol. 1, Box. 3, MIT. Committee on Educational Survey (Lewis Committee), AC 124, MIT Archives.
14) MIT, The Committee on Educational Survey, *Report of the Committee on Educational Survey: To the Faculty of the Massachusetts Institute of Technology* (Cambridge: The Technology Press of Massachusetts Institute of Technology, 1949), 3, accessed May 23, 2015, http://libraries.mit.edu/archives/mithistory/pdf/lewis.pdf.
15) Freeland, *Academia's Golden Age*, 132.
16) John R. Loofbourow, "Minutes of the Seventh Committee Meeting, Tuesday, March 11, 1947 (以下、Minutes, March 11, 1947 のように略記)"; "Minutes, May 6, 1947," Vol. 1, Box 3, AC 124, MIT Archives.
17) ただし、人文科学部のなかでも経済・社会科学科は1930年代から著名な研究者を集め学科の拡充に努めていたため、例外的に学位の授与が可能であった。James R. Killian Jr., *The Education of a College President* (Cambridge: The MIT Press, 1985), 200-202.
18) "Minutes, February 18, 1947," Vol. 1, Box 3; John E Burchard, "Memorandum to Professor Loofbourow," March 25, 1947, Vol. 1, Box 3, AC 124, MIT Archives.
19) "Minutes, May 13, 1947," Vol. 2, Box 3; Thomas K. Sherwood, "Cultural Background for Engineers," April 29, 1947, Vol. 2, Box 3, AC 124, MIT Archives.
20) "Minutes, October 15, 1947," Vol. 1, Box 3, AC 124, MIT Archives.
21) K. T. Compton to the Members of the M. I. T. Corporation, August. 18, 1947, Vol. 4, Box 4, AC 124, MIT Archives.
22) William Maclaurin, "Proposal for an Endowment for a Division of Human Relations at

Massachusetts Institute of Technology," Vol. 4, Box 4, AC 124, MIT Archives. この「人間関係学部設置案」には署名がない。しかし、これに先立つルイスとの会合での発言との整合性、さらにその後のルイス委員会委員の発言を見るに、マクローリンの手になることはほぼ間違いない。

23） Freeland, *Academia's Golden Age*, 133–134.
24） RGC [Robert G. Cardwell], "Memorandum to Professor Loofbourow," March 4, 1948, Vol. 4, Box 4, AC 124, MIT Archives.
25） Maclaurin, "Proposal for an Endowment for a Division of Human Relations at Massachusetts Institute of Technology".
26） "Minutes, January 12, 1948," Vol. 1, Box 3, AC 124, MIT Archives.
27） Memo, January 16, 1948, Vol. 4, Box 4, AC 124, MIT Archives.
28） "Minutes, May 6, 1947," Vol. 1, Box 3, AC 124, MIT Archives.
29） C. Richard Soderberg, "Basic Objective of M. I. T.," January 13, 1948, Vol. 4, Box 4, AC 124, MIT Archives.
30） Roger L. Geiger, "American Foundations and Academic Social Science," *Minerva*, no. 26, no. 3 (September 1988), 315–316.
31） Ibid., 334.
32） Ibid., 318–319; 323–324.
33） MIT, *President's Report Issue 1945–1946* (1946), 150.
34） MIT, *President's Report Issue 1946–1947* (1947), 147.
35） MIT, The Committee on Educational Survey, *Report of the Committee on Educational Survey*, 42.
36） Soderberg, "Basic Objective of M. I. T.".
37） RGC [Robert G. Cardwell], "Memorandum to Professor LoofBourow," March 4, 1948, Vol. 4, Box 4, AC 124, MIT Archives.
38） Killian, *The Education of a College President*, 66. バーカードが所属していたのは、戦略情報局（OSS）である。
39） Gilman, *Mandarins of the Future*, 157–158.
40） Killian to Webb, February 28, 1951, Folder: Troy Project, 1950–1951, Box 220, MIT. Office of the President (Compton-Killian), AC 4, MIT Archives.
41） Donald L. M. Blackmer, *The MIT Center for International Studies: The Founding Years, 1951–1969* (Cambridge: MIT Center for International Studies, 2002), 17–18.
42） Ibid., 18.
43） Killian to James E. Webb, February 28, 1951, Folder: Troy Project, 1950–1951, Box 220, AC 4, MIT Archives.
44） Killian to Philip Mosely, August 31, 1951, Folder 16, Box 48, AC 4, MIT Archives.

45) 紀平「挫折した『戦後平和』への期待」、62-63、72-73頁。
46) 同上、79頁。
47) 同上。
48) James R. Killian, Jr., *The Education of a College President* (Cambridge: The MIT Press, 1985), 67.
49) Blackmer, *The MIT Center for International Studies*, 20.
50) Engerman, *Know Your Enemy*, 49.
51) 国家安全保障法における CIA の規程（条文）は、Roger Hilsman, *Strategic Intelligence and National Decisions* (Glencoe: The Free Press, 1956), 31-32 からの引用。
52) Killian, *The Education of a College President*, 67.
53) Blackmer, *The MIT Center for International Studies*, 18-19.
54) John A. Samford to Killian, 4 September, 1951, Folder 16, Box 48, AC 4, MIT Archives.
55) Kennan to Killian, September 20, 1951, Folder 16, Box 48, AC 4, MIT Archives.
56) George C. Marshall to Killian, August 29, 1951, Folder 16, Box 48, AC 4, MIT Archives. 1947年に国務長官としてマーシャル・プランを発表したジョージ・マーシャルは1950年9月に国防長官に就任している。
57) Gilman, *Mandarins of the Future*, 161; Blackmer, *The MIT Center for International Studies*, 24-25.
58) Killian to Burchard, January 12, 1951, Folder: Troy Project, 1950-1951, Box 220, AC 4, MIT Archives.
59) コナント学長については、マッカーシズムに毅然と対抗し、学問の自由を守った高潔な人物という評価がある一方、反共主義と妥協せざるをえなかった、あるいは、ある場面では、強烈な反共主義を押し出した人物であったことが近年明らかになっている。高城『パーソンズとアメリカ知識社会』、217-218頁、紀平「挫折した『戦後平和』への期待」、55-56頁。
60) Christopher Simpson, *Science of Coercion: Communication Research and Psychological Warfare, 1945-1960* (New York: Oxford University Press, 1994), 82.
61) Blackmer, *The MIT Center for International Studies*, 19.
62) Engerman, *Know Your Enemy*, 49.
63) Blackmer, *The MIT Center for International Studies*, 26; Gilman, *Mandarins of the Future*, 158; Engerman, *Know Your Enemy*, 49-50.
64) Robin W. Winks, *Clock & Gown: Scholars in the Secret War, 1939-1961* (New York: Morrow, 1987), 68; 前川『亡命知識人たちのアメリカ』、268頁。
65) Blackmer, *The MIT Center for International Studies*, 24.
66) Gilman, *Know Your Enemy*, 158.
67) Zaheer Baber, "Modernization Theory And The Cold War," *Journal of Contemporary Asia*

vol. 31, no. 1 (January 2001), 76; George Rosen, *Western Economists and Eastern Societies: Agents of Social Change in South Asia, 1950-1970* (Baltimore: The Johns Hopkins University Press, 1985), 28.

68) Blackmer, *The MIT Center for International Studies*, 22 からの引用。
69) Baber, "Modernization Theory And The Cold War," 74.
70) Rosen, *Western Economists and Eastern Societies* 29 からの引用。
71) Center for International Studies, Massachusetts Institute of Technology, "List of Staff," n. d., Folder 16, Box 48, AC 4, MIT Archives.
72) Killian, *The Education of a College President*, 67.
73) Blackmer, *The MIT Center for International Studies*, 22-23.
74) Engerman, *Know Your Enemy*, 50.
75) Ibid., 49-50.
76) Blackmer, *The MIT Center for International Studies*, 44, 51, 60; Gilman, *Mandarins of the Future*, 155, 158-159. フォード財団は、1952年には総額で約16万ドルを、1953年には約1,800万ドルを MITCIS に拠出している。Blackmer, *The MIT Center for International Studies*, 225.
77) Gilman, *Mandarins of the Future*, 158.
78) 小野沢「パフラヴィ朝イランと合衆国 1953〜63年」、241頁；Gilman, *Mandarins of the Future*, 158.
79) Gilman, *Mandarins of the Future*, 159.
80) Engerman, *Know Your Enemy*, 51.
81) Gilman, *Mandarins of the Future*, 174-175.
82) Killian to Robert Cutler, March 2, 1953, Folder 16, Box 48, AC 4, MIT Archives.
83) MIT, "The Nature and Objectives of the Center for International Studies," August, 1953, Folder 16, Box 48, AC 4, MIT Archives, 1-5.
84) Baber, "Modernization Theory And The Cold War," 75.
85) Gilman, *Mandarins of the Future*, 156, 159.
86) MIT, "The Nature and Objectives of the Center for International Studies," pp. 5-11.
87) Rostow, *The Dynamics of Soviet Society*, 6-13（小野訳『近代ソ連社会史』、23-32頁）.
88) Engerman, *Know Your Enemy*, 50.
89) Ibid.
90) Blackmer, *The MIT Center for International Studies*, 26.
91) Bruce Cumings, "Boundary Displacement: Area Studies and International Studies During and After the Cold War," in *Universities and Empire*, 167-168.
92) Walt Rostow to Robert V. Daniels, June 19, 1952, Folder: Daniels Volume, Box 1, Series HUG 4382. 8 (Papers of Merle Fainsod), HUA, 2-4.

93) Rostow, *The Dynamics of the Soviet Society*, 235-237（小野訳『近代ソ連社会史』、341-343頁）.
94) Ibid., 247-248（同上、358-359頁）.
95) Ibid., 249-250（同上、361-363頁）.
96) Rostow to Daniels, 1.
97) Engerman, *Know Your Enemy*, 50-51.
98) Max F. Millikan and Walt W. Rostow,"Notes on Foreign Economic Policy," in *Universities and Empire*, ed. Simpson, 39-55; 小野沢「パフラヴィ朝イランと合衆国　1953〜63年」、239頁。
99) Gilman, *Mandarins of the Future*, 159.

終 章　ソ連研究の「遺産」と1950年代後半以降のアメリカ

第 1 節　ソ連研究の衰退と機関連環の限界

　ここまで本書は、第二次世界大戦期から冷戦初期にかけてのアメリカの大学において、ソ連研究が編制されていく歴史的過程を、学知生産の拠点である大学とそれを取り巻く冷戦下の国家や社会的権威の1つである財団との関係、そして大学内での対立や合意形成という多様な側面から跡づけ、学知としてのソ連研究の歴史的変遷を明らかにしてきた。

　第二次大戦期から冷戦初期にかけてのソ連研究は、国家権力や財団からの一方的な関与によって形成されたものでもなければ、大学人が構想し、理想としたような学知が立ち現れたわけでもなかった。流動的な影響関係のなかで双方がときに依存し、対立し合いながら、言わば絡み合いのなかで誕生し，発展したのである。しかしながら、1950年代前半の冷戦初期にあって、ソ連研究は「停滞」し、途絶してしまうのである。1960年代を境にソ連研究のみならず地域研究全般が学術研究の主流から外れていくこと、そしてその背景に冷戦構造の変化があったことはエンガマンをはじめ多くの論者が指摘するところであるが、それ以前の時期に学問的内実としてのソ連研究は、**第3章**および**第4章**で見たように、失われていたのである。

　それでは、こうした学知の「停滞」および途絶という事態はなぜ生じたのか。歴史を俯瞰的に見るならばそれは、**序章**で取り上げた機関連環の限界であったと考えられる。機関連環は、1940年代後半の時点ではソ連研究を推進する役割および力を持っていた。**第2章**で取り上げたコロンビア大学ロシア研究所とハーヴァード大学ロシア研究センターは、その性格こそ異なれど、ともに

機関連環の強い求心力の下で誕生したことは間違いないであろう。それがどのような論理で限界を露呈することになるのか。以下、機関連環の限界を明らかにすべく、1950年代後半のソ連研究の「その後」について2つの事例から探りたい。1つは、**第2章**で取り上げたコロンビア大学ロシア研究所のその後である。同研究所が、研究のレベルでは機関連環から離脱し、独自の道を歩むことを決意したことは**第2章**で示したとおりである。しかし、冷戦初期の時代にあって、ロックフェラー財団の期待を受け設置されたロシア研究所が機関連環から離脱することは、果たして学知としての自由の確保につながったのだろうか。

　もう1つの事例は、**第3章**で扱ったハーヴァード大学ロシア研究センターが取り組んだ RIP のその後についてである。同研究センターのソ連研究である RIP は、コロンビア大学ロシア研究所とは反対に、空軍との契約の下で遂行されたことから、機関連環に強く取り込まれており、その結果、学知として「停滞」したことを**第3章**では論じた。加えて、その後の動きとして『ソ連の市民』の執筆についても言及したが、以下、同書に別の視点からの考察を加える。それを通じて、冷戦初期アメリカの国家政策・外交政策との同質化を強く求められた学知は、果たして生き残えることができたのか否かという問題を考察する。

（1）　フィリップ・モーズリーと CIA、フォード財団

　コロンビア大学ロシア研究所は、研究上、連邦政府や反共主義が広がりを見せていたアメリカ社会から距離を置き、学生の教育に注力したが、その結果、スポンサーであったロックフェラー財団から、目立った研究成果を出していない、と評されるに至った。ロックフェラー財団がことさら問題としたのは、ロシア研究所所長のロビンソンと国際政治学者のフィリップ・モーズリーであった。第二次大戦時までロシア史研究の第一人者だったロビンソンであったが、彼はロシア研究所では1冊の著書もものすことはなかった。また、モーズリーも、その当時の国際政治について自身の第二次大戦時の経験を振り返った論考を執筆するといった、およそ学術研究者とは思えない活動をしていた[1]。

　しかしながら、冷戦下のアメリカ政府や財団と距離を置くことが、コロンビ

終　章　ソ連研究の「遺産」と1950年代後半以降のアメリカ

ア大学ロシア研究所をして他大学と異なる学知を形成せしむることを可能にしたわけではなかった。確かにロビンソン自身は、連邦政府からの研究要請については拒否しつづけた。しかし、彼は、**第2章**でも述べたように、他の研究者の行動まで制約することはなかった。その結果、より積極的に冷戦下で必要とされるソ連研究に従事する研究者が出現することになる。1人は、経済学者のエイブラム・ベルクソンである。彼は、空軍およびランド研究所と共同でソ連の経済に関する研究に取り組み、のちにハーヴァード大学ロシア研究センターに移籍し、所長に就任する。

　もう1人は、モーズリーである。彼は、ロシア研究所の設置から3年後の1949年、ジョンズ・ホプキンズ大学が連邦政府の支援で機密扱いとして実施していた作戦研究に参加していた。モーズリーのこの仕事に着目したCIAは、1951年から1954年にかけて彼と契約を結びCIAが有する最高機密情報への自由なアクセスを認めたのであった。[2] それに加え、モーズリーは、ソ連研究の世界、およびアメリカ外交政策における重要人物にもなっていった。1950年代の初頭、モーズリーはアメリカ政治学協会の会長職にあり、1952年から1956年にかけては外交問題評議会の会長を務め、さらに、フォード財団の各種委員会の委員を務めていた。[3]

　アメリカの地域研究の萌芽期である1950年代の初頭にあって、CIAとの関係を築いていたモーズリーは、ロックフェラー、カーネギーの両財団を凌ぐ資金を提供していたフォード財団にとって政治的な重要性を持つ人物の1人になっていた。事実、フォード財団は1950年代の後半にモーズリーの提言に従って、中国研究に3000万ドルの資金を提供した。また、同財団は、地域研究の推進にあたりCIAと連携を取っていたが、CIAとの接触に関する情報をモーズリーに渡していた。[4]

　もっとも、モーズリーも他の大学人と同様、反共主義やマッカーシズムによる攻撃から完全に逃れえたわけではない。事実、彼は1953年に破壊活動防止庁での証言を求められている。しかしながら、CIAのモーズリーに対する信頼には厚いものがあった。1955年、CIAのジョン・ホイットマン（John Whitman）はモーズリーに書簡を送り、ロシア研究所の学生をCIAにリクルートするための手はずを整えてほしいと要請している。この要請をモーズリーは、「そのよ

うな義務を果たすことができ、光栄である」とふたつ返事で引き受けたという[5]。

　このように、コロンビア大学ロシア研究所自体は、外部の機関とは距離を置く方向性を打ち出したにもかかわらず、ベルクソンが空軍とランド研究所と、そしてモーズリーがCIAとフォード財団との関係を切り結んだということは、大学が機関連環から離脱することの困難さ、あるいは学知が機関連環の要請する研究と無縁でいることの困難さを示している。その意味では、冷戦初期の機関連環は、学知に対してアメリカという国家との同質化を強く促す装置として機能していたと見ることができるかもしれない。人的流動性の高さがここでは機関連環から離れようとする大学の動きを阻んだと言えよう。

　ただし、それは学知を国力増強の梃として用いることを目的とする機関連環の枠内に留まる限り、大学が安定した互恵的立場を維持し得ることを意味するものでもない。第3章のハーヴァード大学ロシア研究センターが実施したRIPの事例で明らかにしたように、連邦議会や空軍、またマッカーシズムが支配するアメリカ社会によって機関連環から強制的に退場を迫られたケースもある。では、RIPのように、機関連環という1つの研究のよすがを失った学知は存続することができるのであろうか。

（2）『ソ連の市民』の作成──洗練されるソ連研究

　1950年から空軍大学人材開発研究所との契約に基づき、RIPを実施していたハーヴァード大学ロシア研究センターの研究者、たとえば研究責任者であったアレックス・インケルスは、第3章でも述べたように、RIPの目的はあくまでもソ連社会分析のための基礎的情報を収集することにあると考えており、その成果も公開されるべきとの立場にあった。しかし、聞き取りデータの多くを機密扱いとすることを要請するクライアントたる空軍の意向を無視することもできず、インケルスは、不本意ながらもその方針を受け入れていた。ただし、ロシア研究センターは、空軍への報告書を準備する段階で、内部において報告書を完全に機密扱いとするものと将来の公開に備えたものとの2種類に分類していた[6]。

　実のところ、聞き取り調査の時点からロシア研究センターには空軍の意向と

終 章 ソ連研究の「遺産」と1950年代後半以降のアメリカ

は離れた、より幅広い視点からソ連社会の構造を解き明かそうという意図があり、それに関連する質問項目がいくつか含まれていた。それらの質問の例としては、労働者に対しては「あなたの給与からいくらか差し引かれた金額はありましたか」、また農民に対しては「トラクターの運転手を雇っていたのは、どの組織ですか」、「生産物の主たる購入者はだれでしたか」、といったものがあった[7]。これらの質問は空軍の攻撃目標策定やアメリカのソ連に対する心理戦などの戦略策定には、ほとんど寄与するところはなかったであろう。

むしろ、これらの質問項目は、レイモンド・バウワーが1955年に小説として発表した『ソ連の9つの顔』において大いに活用された。同書は、「人間をバラバラにして分析する」傾向のある「君たち心理学者・社会学者」は、果たして「日々の現実を生きている人間」を描くことができるのか、というMITCISのロストウからの「挑発」を受け、バウワーが「典型的なソ連の市民」の「生活環境を表現しようと試みた」作品であった[8]。

その4年後の1959年、バウワーとインケルスは、かかる試みを今度は「学術研究」的な形で世に問うべく『ソ連の市民』を発表した。同書がもっとも力を入れたのは、「ソ連市民の態度、価値、および経験」という当時のアメリカ人がほとんど知らない点を明らかにすることであった[9]。それを示すかのように『ソ連の市民』では、全16章のうち、9章が「職業階層と移動」、「暮らし向き」、「教育」、「ニュースとの接触」、「家族生活の類型──進行しているもの」、「家族生活の類型──家族の内面」、「政権を支持する要因、民衆の価値と希望」、「敵意と不満の原因」、「ソ連社会における忠誠の問題」といったタイトルの、ソ連で実際にどのような生活が営まれているかの分析と考察にあてられていた。

この『ソ連の市民』は、RIPを通して得られたデータを検討することで、ソ連について「あらゆる点において、他の産業国家、とくに合衆国と比較できるデータを発見することを」試みた書物であった。その作業を通して、「ソ連市民の経験や態度のパターンと、［ソ連とは］著しく異なった文化と歴史を持ち、全く違った政治制度を持っている他の多様な大規模産業社会」における人びととの行動や思考のパターンとが「近接している」という、「おそらく多くの人びとにとっては大きな驚き」となる点について読者に提示することが、

『ソ連の市民』の目的であった[10]。

1954年にハーヴァード大学ロシア研究センターが空軍に提出した最終報告書である「ソ連の脆弱性」、そして1957年に出版された『ソ連の制度』においては、**第3章**でも指摘したように、ソ連を敵国として見なし、ソ連への「戦略」に関する記述の挿入が空軍との契約関係から、そして、当時、アメリカのアカデミズムを攻撃していたマッカーシズムへの配慮から不可避となっていた。しかし、1959年の『ソ連の市民』の出版時には、インケルスもバウワーもロシア研究センターを離れ、スタンフォード大学の行動科学高度研究センターの研究員を務めていた[11]。赤狩りの退潮をはじめとする研究者を取り巻く時代と環境の変化が、かつて『ソ連の制度』に込められるはずであった主張を『ソ連の市民』においてより洗練された形で前面に押し出すことを可能にした。

『ソ連の市民』の内容については、**第3章**で詳述したので、ここでは、本章の議論に必要な個所のみを抜粋して紹介する。『ソ連の市民』が「ソ連の脆弱性」および『ソ連の制度』と根本的に異なるのは、その目的が明確に示されている点にある。『ソ連の市民』冒頭の記述によれば、同書の目的は、①「ソ連市民の態度、価値および経験」という、当時のアメリカ人がほとんど知らない点を明らかにすること、②「他の産業国家、とくに合衆国と比較できるデータを発見」すること、③上記の作業を通じて、「ソ連市民の経験や態度のパターンと、[ソ連とは]著しく異なった文化と歴史を持ち、全く違った政治制度を持っている他の多様な大規模な産業社会」、すなわち西洋やアメリカにおける人びとの行動や思考のパターンとが「近接している」ことの提示にあった[12]。かかる目的を達成すべく、インケルスとバウワーは、(a) ソ連市民には「他の大規模な産業社会、とりわけ合衆国におけるアメリカ人の自国の産業制度への不満」と似かよった不満があること、しかし、(b)「全体主義的政治制度を変更するために必要であるような強制的活動にまで、彼らを動かすに足る」契機は「ない」こと、(c) ソ連の市民が政権打倒に動かないのは、「個々人が自分自身の振る舞いのみならず、[中略] 自分の理想とする生活目標を設定することをも統制する機制」がソ連の制度に内在するからではなく、(d) 彼らは西洋的な政治的・経済的な自由よりも、テロリズムの防止、生活水準の向上、福祉国家の原則の徹底、農業労働への十分な見返りといった「単純」な社会運営を政府

終　章　ソ連研究の「遺産」と1950年代後半以降のアメリカ

に求めていることを明らかにしたのである[13]。このように、『ソ連の市民』においてインケルスとバウワーは、ソ連の市民には西洋世界が自明としてきたような命を賭して自由のために行動し、相応しい政体を樹立すべきという理念が必ずしも共有されていないと見ていた。しかし、彼らは、産業社会のひずみから生じる生活不安を解消する要求の方が高いことを示すことによって、ソ連の人びとや社会制度の「特殊性」ではなく、ソ連と、アメリカを含めた他の産業社会との「近似性」を打ち出すことにより力点を置いていたのである[14]。こうした作成の経緯およびその内容から見て、RIPに始まったソ連研究は『ソ連の市民』において、文字どおり「結実」したと評してよいであろう。

　『ソ連の市民』が完成に近づいた1958年2月、インケルスは、その内容を連邦議会上院外交委員会において開陳した。委員らは、ソ連を近代産業国家と捉えるインケルスらの研究に大きな関心を示したが、その一方で、なぜ全体主義国家のソ連が近代産業国家たる特質を帯びるようになったのかという点に興味を示した。その点に絡めて、民主党上院議員のJ・ウィリアム・フルブライト（J. William Fulbright）らはインケルスにソ連に19世紀からのロシア帝国時代から脈々と流れる特徴についての意見を求めた。これに答えて、インケルスは現在の近代産業社会としてのソ連は、かつて有していた帝国主義的姿勢を弱めつつあると指摘した[15]。実のところ、『ソ連の市民』におけるインケルスらの立場は「現代の［ソ連の］産業秩序は民主主義的な政治、社会形態にも、また全体主義的な政治、社会形態にも適合する」という点にあった。このことをふまえれば、フルブライトら上院の外交委員はインケルスの主張を正確に理解していなかったと言えるかもしれない[16]。さらに、ソ連が半永久的に専制政治に陥っていく可能性も低いとの見方を示したが、そうしたインケルスのソ連に対する見方に委員らは懐疑的であった[17]。

　さらに『ソ連の市民』でインケルスらが展開しようとしていた議論には、社会学者ダニエル・ベル（Daniel Bell）らからの批判も寄せられた。ベルは、RIPの研究手法は、ソ連の権力構造の全体像はおろか、その一側面すらも明らかにするものではないと論じたのである。彼は、「ソ連の制度を特徴づけているのは、中央の政治権力がすべてを制御していることに求められるのではないか」、また、「ソ連の制度のすべての側面が、［中略］そのことの影響を受けているの

143

ではないか」と問うたのである[18]。彼の主張に対して、インケルスは、のちにベルら『ソ連の市民』に批判的な学者と面会し、自分は今後もソ連政府の権力構造ではなく、ソ連を含む近代産業社会の制度について、個人に焦点をあわせて研究していく決意を伝えた[19]。

しかしながら、ここで注目すべきは、一度、連邦議会によって潰された形となったRIPが再度日の目を見たこと、しかも、本来、『ソ連の制度』にて展開されるはずだった議論が、機関連環の内部で生じるさまざまなしがらみから脱し、装いを新たに『ソ連の市民』として、その論ずべき点が整理されて提示された、つまり洗練された学知として登場したことである。ベルのような批判も、『ソ連の市民』が学問的な議論や批判に値するものと判断して、なされたものと考えるべきである。むろん、何を根拠として『ソ連の市民』が『ソ連の制度』よりも洗練された学知と見るかは難しい問題であろう。しかし、『ソ連の制度』と同じ資料を用いながら、全く異なる視点から議論を組み立て直し、『ソ連の市民』として刊行したという事実は、『ソ連の制度』の内容、ひいてはRIPという研究活動を今一度吟味し、ソ連研究の新しい視座を提供したいという意欲がインケルスらにあったことを強く推察させるものである。そして、このことは、『ソ連の制度』では論じきれなかった部分が多分にあったことの傍証にもなっている。

すなわち、『ソ連の市民』をめぐる一連の出来事は、かつて国家から退場を迫られたソ連研究が、そのよすがを失ったことでかえって学知としての活力を取り戻したことを示すものである。また、マッカーシズムが過ぎ去ったことが背景にあるにせよ、かつてRIPを葬り去った連邦議会が『ソ連の市民』に興味を示したことは、学知としてのソ連研究が国家や政治から離れたところで、敵国研究としてのソ連研究とはまた別の形で成果を見たことをも意味するであろう。

ここまでの議論をふまえて、国家・政治と冷戦初期のアメリカのソ連研究、ひいては学知の関係を考えておきたい。まず、コロンビア大学ロシア研究所の事例に見られたように、そこから脱しようとした場合であっても、それと同時並行的に国家との同質化に向かわせる動きが見られたのであり、それはザンズの機関連環論に照らして言えば、人材の流動性の高さというシステムに内在す

終　章　ソ連研究の「遺産」と1950年代後半以降のアメリカ

る特質の必然的な帰結なのである。この点からすれば、国家から離れようとする試みは、必ずしも「中立的」で「客観的」な学知を生み出したわけではなかった。一方、ハーヴァード大学ロシア研究センターのRIPの事例からもうかがえるように、当初は機関連環の構成要素であったものの、のちにそのよすがを失うことでかえって活力を得て、ソ連研究という学知をより洗練していく場合もあった。ただし、このことは、機関連環が学知にとって弊害でしかないことを意味するものではない。とくに、ハーヴァード大学ロシア研究センターのRIPの事例について言えば、初期の段階で空軍との結びつきがなければ研究自体が遂行されたとは考えにくく、その場合、機関連環から放逐されても、学問的な成果を得ることはなかったはずである。このことは、歴史家・思想史家のリチャード・ホーフスタッターが指摘していたように、学知と権力が一定の緊張関係を維持することによって、当初予想しなかったような別な形の志向が拓かれた顕著な例であると言えよう。[20]このことはまた、学知の発展においては、アメリカの国家や社会との同質化に向わせるベクトルと、多様性・多元性を可能にするベクトルとが、同時に存在したことを想像させる。そして、この学知と国家・政治との関係性こそが、本書が論じたことであった。さて、本書を閉じるにあたり、1950年代後半以降、そして1970年代後半のソ連研究の状況を見ることで冷戦初期に形成されたソ連研究がアメリカにいかなる影響を与えたのかについて考察していく。

第2節　ソ連研究の凋落と再出発

　第4章で取り上げたMITCISにおけるソ連研究の凋落には著しいものがあった。フォード財団は、1953年から1966年の時期にMITCISに、総額2億7千万ドルもの資金を提供していた。この時期には、連邦政府もMITCISに資金供与をしていたが、これらの資金はソ連研究にではなく、近代化論研究の中心となる東南アジアの地域研究とそれに関係する語学研究（Language Studies）に対する支出であった。[21]

　1945年以前、アメリカは、東アジア地域には政治的な関心をほとんど払わ

ず、連邦政府や財団が当該地域の研究に対して資金を提供することもほとんどなかった。ところが、1940年代の後半以降、米ソの対立が激化し、東アジアへの共産主義の拡大を懸念したアメリカは、日本と大韓民国を共産主義の防波堤と位置づけるようになった。その矢先の1949年に中華人民共和国が建国され、さらに1950年には朝鮮戦争が勃発すると、アメリカでは、日本と韓国を同盟国と見なし、反対に中国と北朝鮮を敵国とする気運が広まってきた。この潮流に沿い、連邦政府と財団は、学術研究者にあらゆる手段を用いてこれら東アジアの国ぐにに関心を向けさせ、これら諸国を理解する研究に従事させようとした。そこで期待されたのは、たとえば、中国と北朝鮮における共産主義の研究であり、また日本と韓国については両国をいかに近代化させるか、という研究であった。[22] 事実、近代化論研究を牽引した1人でもある MITCIS の政治学者イシエル・デ・ソラ・プールの研究には、1952年に連邦政府からの資金が大量に投入されており、その96％が軍部からの支出であったという。[23] 第4章でも述べたように、フォード財団は上記の認識を強く抱いており、その支援を受けていた MITCIS においては、ソ連研究の重要性は低下するほかなかった。このような冷戦の進展による東アジア地域をめぐる状況の変化が、MITCIS におけるソ連研究の関心の低下に拍車をかけ、代わりに近代化論への関心を高める一因となった。1960年代に入ると、ヴェトナム戦争への介入に伴うアメリカ国内での反戦運動が高まりを見せたが、政府機関や財団は、それまでの世界各地の地域研究から国内問題解決のための研究への転換の必要性を認識するようになった。その結果、1970年代にはソ連研究をはじめ地域研究全般に対する財団の資金援助が一気に低下した。[24] フォード財団の場合、1966年にはソ連研究に4700万ドルの資金を提供していたが、1979年にはそれが200万ドルにまで落ち込むのである。[25]

　ただし、ソ連研究は停滞の一途をたどったわけではない。1970年代の後半、冷戦の緊張を和らげる可能性としてのデタントが崩壊したのを契機に、ロナルド・W・レーガン（Ronald W. Reagan）政権の下で、敵国研究としてのソ連研究の復活を見る。この時期、ロックフェラー財団は、コロンビア大学、カリフォルニア大学バークリー校、スタンフォード大学、カリフォルニア大学ロサンゼルス校に、ソ連の外交政策の研究、教育（一般市民への教育も含む）に関する計

画を立ち上げるために百万ドル単位の援助を開始した。またカーネギー財団は、ソ連研究を牽引する大学の研究者および大学院生に対する研究助成を開始した。[26] さらに筆者の調査によれば、MITCIS は、1970年代後半からソ連研究に再び着手するようになり、フォード財団から資金助成を得るための研究計画書を膨大に作成したことが明らかになっている。このように、一時は、その存立さえ危うくなったソ連研究は、アメリカとソ連の対立が再燃した1970年代後半に、速やかに大学において立ち上がり、新たな出発を迎えたのである。

この1970年代後半のソ連研究の再出発を可能にした要因として、冷戦初期の時代にあって国家や財団と強く結びつき、またあるときにはそこから離脱し、あるいは放逐されつつも、学知としての力を維持し続けてきたソ連研究の歴史があろう。本書ではそうしたソ連研究の編制過程を跡づけてきたが、最後に、本書の主張を明確化しておこう。

第1点目は、本書は、国家や社会からの大学の離脱という事態、そしてその結果について扱っている。これは、**序章**で取り上げたザンズの機関連環や**序章**で検討した本書の先行研究の第1の研究群および第2の研究群では十分に論じられてこなかった点である。したがって、1950年代の後半に見られた大学人と財団との新たな関係構築の動きや、あるいは軍部との契約から解放されることで学知としての洗練度を増していくといった動きは、本書が提示した新たな知見と言えるであろう。

第2点目は、大学・学知と国家・財団との流動的な関係という視点からこれらの動きをとらえるならば、1950年代以降および1970年代以降のソ連研究の復活という歴史は、本書が対象とし、解明してきた冷戦初期の時代が学知と国家・財団などとが緊張関係を持続させつつ、冷戦の進行とともに、その関係性を「再構築」していく一過程であったこと、また同時に1970年代後半以降にソ連研究が再生する素地を形成する過程でもあったことが論点だった。国際情勢および国内情勢の変化に伴って学知と国家・財団などの関係性が再構築され、その後の学知の研究体制の土台が形成されていくという視点は、第1の研究群や第2の研究群はもとより、ザンズの言う機関連環、すなわち内部にさまざまなアクターを取り込み、拡大を続けていくという連環の内側からの組織的発展過程に重点を置いた議論ではすくい上げることができない歴史的事実であっ

た。

　本書は、冷戦初期のアメリカの大学におけるソ連研究編制の歴史的過程を跡づけ、学知・大学と国家・財団などとの微妙で複雑な関係性を浮き彫りにしてきた。これによって、先行研究である第１の研究群や第２の研究群、そして、ザンズの機関連環論では説明がつかないであろう冷戦の初期におけるソ連研究の歴史を紐解こうとした。この意味で本書は、1950年代前半に身動きが取れなくなり、ひとまず途絶したソ連研究がデタントの挫折により注目され、1970年代後半に再出発するという歴史を理解するための１つの起点を提供するものであると考える。

1) Engerman, *Know Your Enemy*, 35.
2) Cumings, "Boundary Displacement," 185.
3) Ibid., 167.
4) Ibid., 168, 170-171.
5) Ibid., 168.
6) O'Connell, "Social Structure and Science," 456-457.
7) Ibid., 382.
8) Raymond A. Bauer, *Nine Soviet Portraits* (Cambridge: The M. I. T. Press, 1955), v-vi（亀井貫一郎訳『ソ連の９つの顔』時事通信社、1957年、3-4頁）.
9) Inkeles and Bauer, *The Soviet Citizen*, vii（生田訳『ソヴェトの市民』、3頁）.
10) Ibid., 4（同上、4-5頁）.
11) Ibid., xii（同上、14頁）. なお、訳者によれば、訳書が出版された1963年にはインケルス、バウワー両名ともハーヴァード大学に戻っていたという。生田正輝「訳者まえがき」生田『ソヴェトの市民』、1頁.
12) Inkeles and Bauer, *The Soviet Citizen*, viii, 4（生田訳『ソヴェトの市民』、8、4-5）.
13) Ibid., 284, 391-392（同上、332、459-461頁）.
14) Ibid., 383（同上、449頁）.
15) U. S. Congress, Committee on Foreign Relations, *Reviews of Foreign Policy, 1958: Hearings before the Committee on Foreign Relations United States Senate, 85th Congress*, 2nd Sess. on Foreign Policy, Part I (Washington: U. S. Government Printing Office, 1958), 191.
16) Inkeles and Bauer, *The Soviet Citizen*, 390（生田訳『ソヴェトの市民』、458頁）.
17) Engerman, *Know Your Enemy*, 185.
18) Daniel Bell, "Ten Theories in Search of Reality: The Prediction of Soviet Behavior in Social Science," *World Politics* vol. 10, no. 3 (April 1958), 350-351.

19) Engerman, *Know Your Enemy*, 185.
20) Richard Hofstadter, *Anti-Intellectualism in American Life* (New York: A Division of Random House, 1962-63), 428-429（田村哲夫訳『アメリカの反知性主義』みすず書房、2003年、376-377頁）.
21) Cumings, "Boundary Displacement," 163.
22) Ibid., 160.
23) Christopher Simpson, "U. S. Mass Communication Research and Counterinsurgency after 1945: An Investigation of Construction of Scientific 'Reality'," in *Ruthless Criticism: New Perspectives in U. S. Communucation History*, ed. William S. Solomon and Robert W. McChesney (Minneapolis: University of Minnesota Press, 1993), 316, 330.
24) Stephan F. Cohen, *Rethinking the Soviet Experiences: Politics and History Since 1917* (New York: Oxford University Press, 1985), 3-4.
25) Victoria E. Bonnell and George W. Breslauer, "Soviet and Post-Soviet Area Studies," in *The Politics of Knowledge: Area Studies and the Disciplines*, ed. David Szanton (California: University of California Press, 2004), 223.
26) Ibid., 224.

あとがき

　筆者がアメリカの大学の歴史に関心を持ったのは、2000年頃であったと思う。当時、筆者は大阪大学文学部西洋史学専修の学部学生であったが、筆者の周囲では、国立大学の独立行政法人化に関する喧々諤々の議論がなされていた。西洋史学研究室に在籍することにはなったものの、共通教育の授業にも出席していたため、文系・理系を問わず多くの先生がこの問題に関して熱弁をふるわれるのを目の当たりにしていた。この「大学改革」がいかなる影響をもたらすかについて当時の筆者はほとんど理解できていなかったと思うが、大学とそれを取り巻く環境が劇的に変化を始めていることだけはわかっていた。大学に関する書物を読みはじめたのもこの頃である。

　この当時の阪大西洋史には、1つの慣習があった。それは、専修に進学してきたばかりの学生を相手に、博士後期課程の先輩が勉強会を主宰するというものである。この勉強会でアメリカの大学の歴史を扱った本を紹介したのが、研究のスタートだった。その本は、確かに大学の歴史の詳細は記しているものの、アメリカの国家や社会の変化を完全に埒外に置いていた。今（当時）、日本では大学が政治や社会の変化を受け、大きく揺れているにもかかわらず、大学はそうした変動とは無縁の存在のようなその本の歴史叙述に違和感を覚えたのである。大学の変化をアメリカの全般的変化と接続させる歴史研究を探し求めてみたものの、少なくとも日本人のアメリカ史研究者の手によるものは皆無であった。ならば、この言わば「未開の分野」を切り拓いてみたい。そうした、素朴かつ、いささか野心的な動機から筆者の研究はスタートした。

　しかし、いざ研究を進めていくと、大学と国家・社会との関係の歴史をいかに絡めるかという問題は、予想以上に困難であった。そこには、歴史を描くものが、大学や学知、国家と社会に対して、いかなる態度をとるかという姿勢も問題となるが、そうした政治的な態度を全面に押し出すことは、歴史研究にはなじまない。次第に筆者は研究の道筋を見失って思い悩むようになり、博士後期課程に進学する頃には、研究が完全に頓挫してしまった。

しかし、歴史研究の基本に立ち返り、まずは史料を収集し、それらを読み込むという作業に取り組んでからは、次第に筆も進むようになった。そうして、博士後期課程進学からかなりの時間を経て、なんとか博士論文を提出することができた。

　本書は、筆者が2015年5月に京都大学大学院人間・環境学研究科に提出した博士論文「冷戦初期のアメリカ合衆国の大学におけるソ連研究の編制過程に関する研究——学知と冷戦の緊張関係に注目して」を基にしたものである。
　各章の初出は、次のとおりである。

- 序章および終章の一部："Understanding the History of American Universities during the Cold War Era: The Validity of the Concept of 'Tension'"『社会システム研究』第19号、京都大学大学院人間・環境学研究科社会システム研究刊行会、2016年3月、69-85頁。
- 第1章:「第二次大戦期の戦時機関におけるソ連研究の形成と変容」肥後本芳男・山澄亨・小野沢透編『アメリカ史のフロンティアⅡ——現代アメリカの政治文化と世界　20世紀初頭から現代まで』昭和堂、2010年10月、112-134頁。
- 第2章:「冷戦初期のアメリカ合衆国の学術世界におけるソ連研究の『再編』」『社会システム研究』第18号、京都大学大学院人間・環境学研究科社会システム研究刊行会、2015年3月、187-206頁。
- 第3章:「冷戦初期のアメリカ合衆国の大学におけるソ連研究の諸相——ハーヴァード大学難民聞き取り計画と学知の『停滞』」『史林』第99号第3巻、2016年5月、63-100頁。
- 第4章第1節:「マサチューセッツ工科大学における人文・社会科学部の設置構想——『冷戦的大学』への視座を求めて」『アメリカ史評論』第23号、2005年11月、19-39頁／第2〜4節:「アメリカ合衆国におけるソ連研究の途絶——冷戦の展開とマサチューセッツ工科大学国際問題研究センター（MITCIS）」『パブリック・ヒストリー』第13号、大阪大学西洋史学会、2016年2月、93-109頁。ただし、第1節は初出論文を大幅に圧縮している。

あとがき

　筆者が博士論文ならびに本書を書き上げるまでには、実に多くの方々からの支援を賜った。

　京都大学名誉教授の島田真杉先生からは、人間・環境学研究科への入学以来、多くのご指導をいただいた。島田先生は、常に筆者の2歩先、3歩先を見通しておられるようで、最新の研究書やアメリカの学界動向を教授してくださった。先生が京都大学を定年退職されるまでに博士論文を仕上げることができなかったことは、筆者の力不足であり、今でも心残りである。

　前川玲子先生（京都大学教授）は、島田先生退職後に筆者の指導教員を引き受けてくださった。前川先生は、常に筆者の研究を暖かく見守ってくださっていた。そのお姿が今も印象に残っている。先生は、筆者が研究に行き詰まると、いつも"Keep going"と声をかけ、背中を押してくださった。それまで消極的だった学会発表や論文の投稿に前向きに取り組むことができるようになったのも、先生の"Keep going"とのお言葉のおかげである。最終的には、筆者の博士論文主査として、審査をしていただいた。先生がおられなければ、博士論文の完成はなかったであろうとしみじみ感じる。副査を引き受けてくださった川島昭夫先生（京都大学名誉教授）と人間・環境学研究科の倉石一郎先生からは、筆者の研究がより飛躍するための貴重なアドヴァイスをいただいた。

　また人間・環境学研究科以外の方々からも大きな学恩を賜った。まず、小野沢透先生（京都大学大学院文学研究科）は、本書の出発点である第1章の論文執筆の際に、論文の書き方、論理的な思考の方法についてほとんど一から指導をしていただいた。小野沢先生の指摘には厳しいものもあったが、筆者にとって、乗り越えるべき壁を用意してくださったという点で、心より感謝をしている。

　大阪大学大学院文学研究科教授の中野耕太郎先生は、筆者がアメリカ史を学ぶ機会を広げてくださった。中野先生は、ご自身の関心とはかなり離れた筆者の論文を幾度も読んでくださり、有益なコメントをくださった。また先生が指導されているアメリカ史専攻の学生と知りあう機会も設けてくださった。

　藤川隆男先生（大阪大学教授）は、筆者の卒業論文の主査であったが、筆者が阪大を離れたあとも気にかけてくださったことには、本当に感謝をしている。中野先生が阪大で主宰されているアメリカ史の勉強会への参加を機に再び

阪大に足を運ぶようになったあとは、何かと弱気になりがちな筆者に対し、楽観的でいることの大切さを説いてくださった。

　本書の出版にあたっても、多くのお力添えをいただいた。筆者が非常勤講師として勤める大学の１つである大阪国際大学国際教養学部の佐藤史郎先生は、かつて日本国際政治学会関西例会にて筆者が報告した際の討論者となってくださり、国際政治の視点から筆者の研究に有益な示唆をくださった。その後、博士論文完成の報告をした際には、一刻も早く書籍化するよう助言され、最終的に法律文化社を紹介してくださった。出版社とのコネクションなど皆無な筆者にとっては、たいへんな僥倖であった。また、国際政治学の学会とは縁のなかった筆者に上記例会での報告を勧めてくださった齋藤嘉臣先生（京都大学大学院人間・環境学研究科）にも心よりの御礼を述べたい。

　まだまだこの場で感謝を申し上げるべき方は多々おられるが、まず記しておきたいのは、前川玲子先生のもとで学んでいた学生の皆さんである。前川先生の研究室には、オーストラリア、ベルギー、中国、アメリカからの留学生が多く在籍し、彼らはアメリカ研究の枠を越える、ユニークな研究関心を有していた。こうした出自や学問的関心が多様な環境は、ともすれば自分の研究の殻に閉じこもりがちな筆者にとっては、全く違った視点を知ることのできる有意義な場所と時間を提供してくれた。アメリカ史ではなく現代日本についての議論や、それまであまり重視していなかった息抜きの仕方などを教えてくれたのも彼らであった。年齢がかなり上であるにもかかわらず、「新人」として前川研究室に在籍することになった筆者を彼らが暖かく受け入れてくれたことは、筆者にとっては大きな癒しとなった。こうした暖かい環境があったことが、博士論文完成の大きな原動力になった。前川研究室のすべての学生に御礼申し上げたい。

　加えて感謝したいのは、博士論文の提出まで、筆者が参加していた勉強会とそのメンバーである。参加者全員が月に１回のペースで博士論文の１章分に該当する分量の原稿を提出し、それを相互に読み合いコメントを付すという、かなりハードな勉強会であった。しかも、筆者以外の参加者は、京都大学大学院アジア・アフリカ地域研究研究科に在籍し、主に文化人類学を専攻する学生で

あとがき

あった。彼らにとって、まったく専門外の筆者の原稿を読むのは、さぞ苦痛であったことと察する。しかし、彼らは、筆者の原稿の一言一句まで読み込み、筆者の意図や歴史学の手法に理解を示しつつ、筆者の論文の質を上げるために、有益なコメントや提案を出してくれた。会の発起人である若松大祐氏（常葉大学）、筆者と同時期に博士論文を提出した下條尚志氏（京都大学）、堀江未央氏（名古屋大学）、本書の原稿を読んでくださった萩原淳氏、紺屋あかり氏（お茶の水女子大学）、会の円滑な運営に尽力され、博士論文と格闘中の小田なら氏、佐治史氏に心からの御礼を申し上げたい。

本書の刊行にあたっては、京都大学平成28年度総長裁量経費（人文・社会系若手研究者出版助成）による助成を受けた。筆者が、本書の出版にかかる経費を用意することができたのは、京都大学大学院人間・環境学研究科の杉山雅人研究科長をはじめ、関係各位が大学改革による経費削減のあおりを若手研究者が被ることのないよう奔走してくださったためと聞く。本書を無事出版できたのも、京都大学と人間・環境学研究科の皆さまのおかげである。

また本書の各章の執筆過程においては、2004年には日米友好財団（Japan-United States Friendship Commission）の Research-Travel Grant Program 2004 for American Studies M. A. Students を、また2012年には公益財団法人松下幸之助記念財団「2012年度研究助成（人文・社会科学領域）」、日本アメリカ史学会「第8期研究支援グラント」を、2013年には一般社団法人日米協会「米国研究助成プログラム2013」の研究助成を受けた。

法律文化社編集部の上田哲平氏には、本書の構想段階から執筆、入稿、修正作業のすべての段階においてたいへんお世話になった。すべての作業が遅れがちな筆者に対して、最後まで叱咤激励をくださったことで本書が日の目を見ることができた。記して感謝を申し上げたい。

最後になったが、筆者の研究生活に理解を示し、見守ってくれた両親に感謝したい。

2017年1月

藤 岡 真 樹

参考文献一覧

I 一次史料

(1) 未刊行史料

National Archives and Records Administration, College Park, MD
  Record Group 59 (General Records of the Department of State).
  Record Group 226 (Records of the Office of Strategic Services).
  Record Group 330 (Records of the Research and Development Board).
Rare Book and Manuscript Library, Columbia University, New York, NY
  Geroid T. Robinson Papers.
  Carnegie Corporation of New York Record, 1872–2000.
Pusey Library, Harvard University Archives, Cambridge, MA
  Papers of Merle Fainsod.
  Records of the Russian Research Center, 1947–1984.
Institute Archives and Special Collections, Massachusetts Institute of Technology, Cambridge, MA
  Archive Collection 4 (Office of the President (Compton-Killian)).
  Archive Collection 124 (Committee on Educational Survey (Lewis Committee)).
Archives Center, Rockefeller Foundation Records, Sleepy Hollow, NY
  Record Group 1. 1.

(2) 刊行史料

2-1) 合衆国政府刊行史料

U. S. Congress. *Congressional Record: Proceedings and Debates of the 83rd Congress.* 1st Sess., vol. 99, part 6. Washington D. C.: U. S. Government Printing Office, 1953.
―――. *Congressional Record: Proceedings and Debates of the 83rd Congress.* 1st Sess., vol. 99, part 7. Washington D. C.: U. S. Government Printing Office, 1953.
―――. Committee on Foreign Relations, *Reviews of Foreign Policy, 1958: Hearings before the Committee on Foreign Relations United States Senate, 85th Congress.* 2nd Sess. on Foreign Policy, Part I. Washington: U. S. Government Printing Office, 1958.
U. S. Department of State. *Foreign Relations of the United States: General, The United Nations.* vol. 1, part 2. Washington: U. S. Government Printing Office, 1948.

―――. *Foreign Relations of the United States: Central and Eastern Europe, The Soviet Union*. vol. 4. Washington: U. S. Government Printing Office, 1950.

2-2)　大学刊行史料

Massachusetts Institute of Technology. *Massachusetts Institute of Technology Bulletin: President's Report Issue 1945-1946*. Cambridge: Massachusetts Institute of Technology, 1946.

―――. *Massachusetts Institute of Technology Bulletin: President's Report Issue 1946-1947*. Cambridge: Massachusetts Institute of Technology, 1947.

―――. *Massachusetts Institute of Technology Bulletin: President's Report Issue 1949-1950*. Cambridge: Massachusetts Institute of Technology, 1950.

2-3)　同時代史料

Bauer, Raymond A. *Nine Soviet Portraits*. Cambridge: The M. I. T. Press, 1955. 邦訳、亀井貫一郎訳『ソ連の9つの顔』時事通信社、1957年。

Bauer, Raymond A., Alex Inkeles, and Clyde Kluckhohn. *How the Soviet System Works?: Cultural, Psychological, and Social Themes*. Cambridge: Harvard University Press, 1957.

Bell, Daniel. "Ten Theories in Search of Reality: The Prediction of Soviet Behavior in Social Science." *World Politics* vol. 10, no. 3 (April 1958).

Inkeles, Alex and Raymond A. Bauer. *The Soviet Citizen: Daily Life in a Totalitarian Society*. Cambridge: Harvard University Press, 1959. 邦訳、生田正輝訳『ソヴェトの市民―全体主義社会における日常生活』慶應義塾大学法學研究會、1963年。

Kluckhohn, Clyde. "Russian Research at Harvard." *World Politics* vol. 1, no. 2 (January 1949).

Luce, Henry, "The American Century," *Life* vol. 10, no. 7 (February 17, 1941).

Millikan, Max F. and Walt W. Rostow. "Notes on Foreign Economic Policy." In *Universities and Empire: Money and Politics in the Social Sciences During the Cold War*, edited by Christopher Simpson. New York: The New Press, 1998.

Robinson, Geroid T. "The Abyss of the People." *Dial* 67 (November 15, 1919).

―――. "Collective Bargaining in Politics." *Dial* 67 (July 26, 1919).

―――. "Trade Unionism and the Control of Industry." *Dial* 67 (July 12, 1919).

―――. "The Decentralization of Russian History." *Political Science Quarterly* vol. 36, no. 3 (September 1921).

―――. "The Russian Institute." In *A History of the School of International Affairs and Associated Area Institute: Columbia University*, edited by L. Gray Cowan. New York: Columbia University Press, 1954.

Rostow, W. W. *The Dynamics of Soviet Society*. New York: Norton, 1953. 邦訳、小野武雄訳『近代ソ連社会史―社会主義社会の基本的考察』国際文化研究所、1955年。

Colonel Sleeper, Raymond S. "Air Power, the Cold War, and Peace." *Air University Quarterly Review*, vol. 5, no. 1 (Winter 1951-1952).

（3） 回顧録

Bruner, Jerome. *In Search of Mind: Essays in Autobiography*. New York: Harper & Row, 1983. 邦訳、田中一彦訳『心を探して──ブルーナー自伝』みすず書房、1993年。

Hazard, John N. *Recollections of a Pioneering Sovietologist*. New York: Oceana Publications, Inc., 1984.

Kennan, George F. *Memoirs, 1925-1950*. New York: Bantam Books, 1969. 邦訳、清水俊雄訳『ジョージ・F. ケナン回顧録──対ソ外交に生きて』読売新聞社、1973年。

Killian, James R., Jr. *The Education of a College President*. Cambridge: The MIT Press, 1985.

（4） ウェブサイト

Massachusetts Institute of Technology. The Committee on Educational Survey. *Report of the Committee on Educational Survey: To the Faculty of the Massachusetts Institute of Technology*, 1949. （http://libraries.mit.edu/archives/mithistory/pdf/lewis.pdf.）

II 新聞・週刊誌

Boston Herald
Boston Post
Boston Traveler
Dial
Life
Nation

III 二次史料

（1） 英語書籍

Bailyn, Bernard. *Education in the Forming of American Society: Needs and Opportunities for Study*. New York: A Division of Random House, 1960.

Blackmer, Donald L. M. *The MIT Center for International Studies: The Founding Years, 1951-1969*. Cambridge: MIT Center for International Studies, 2002.

Byrnes, Robert F. *A History of Russian and East European Studies in the United States: Selected Essays*. Lanham: University Press of America, 1994.

Chomsky, Noam, et al. *The Cold War and the University: Toward an Intellectual History of the*

Postwar Years. New York: New Press, 1997.

Cohen, Stephan F. *Rethinking the Soviet Experiences: Politics and History Since 1917*. New York: Oxford University Press, 1985.

Curtiss, John S., ed. *Essays in Russian and Soviet History in Honor of Geroid Tanquary Robinson*. New York: Columbia University Press, 1963.

Diamond, Sigmund. *Compromised Campus: The Collaboration of Universities with the Intelligence Community, 1945–1955*. New York: Oxford University Press, 1992.

Engerman, David C. *Modernization from the Other Shore: American Intellectuals and the Romance of Russian Development*. Cambridge: Harvard University Press, 2003.

———. *Know Your Enemy: The Rise and Fall of America's Soviet Experts*. New York: Oxford University Press, 2009.

Freeland, Richard M. *Academia's Golden Age: Universities in Massachusetts 1945–1970*. New York: Oxford University Press, 1992.

Geiger, Roger L. *Research and Relevant Knowledge: American Research Universities Since World War II*. New York: Oxford University Press, 1993.

Gilman, Nils. *Mandarins of Future: Modernization Theory in Cold War America*. Baltimore: Johns Hopkins University Press, 2003.

Henry, David D. *Challenges Past, Challenges Present: An Analysis of American Higher Education Since 1930*. San Francisco: Jossey-Bass, 1975.

Hilsman, Roger. *Strategic Intelligence and National Decisions*. Glencoe: The Free Press, 1956.

Hofstadter, Richard. *Anti-Intellectualism in American Life*. New York: A Division of Random House, 1962-1963. 邦訳、田村哲夫訳『アメリカの反知性主義』みすず書房、2003年。

Katz, Barry M. *Foreign Intelligence: Research and Analysis in the Office of Strategic Services*. Cambridge: Harvard University Press, 1989.

Kerr, Clark, *The Uses of the University*, Cambridge: Harvard University Press, 1963; reprint, Cambridge: Harvard University Press, 2003.

Lyons, Gene M. *The Uneasy Partnership: Social Science and Federal Government in the Twentieth Century*. New York: Russell Sage Foundation, 1969.

Needell, Allan A. *Science, Cold War and the American State: Lloyd V. Berkner and the Balance of Professional Ideas*. Amsterdam: Harwood Academic Publishers, 2000.

Ridgeway, James. *The Closed Corporation: American Universities in Crisis*. New York: Random House, 1968. 邦訳、杉辺利英・河合伸訳『崩壊する大学―アメリカにおける産学共同』朝日新聞社、1970年。

Robin, Ron. *Making the Cold War Enemy: Culture and Politics in the Military-Intellectual Complex*. Princeton: Princeton University Press, 2001.

Rosen, George. *Western Economists and Eastern Societies: Agents of Social Change in South Asia, 1950-1970*. Baltimore: The Johns Hopkins University Press, 1985.

Schrecker, Ellen W. *No Ivory Tower: McCarthyism and the Universities*. New York: Oxford University Press, 1986.

Simpson, Christopher. *Blowback: America's Recruitment of Nazis and Its Effects on Cold War*. New York: Weidenfeld & Nicolson, 1988. 邦訳、松尾弌之訳『冷戦に憑かれた亡者たち――ナチとアメリカ情報機関』時事通信社、1994年。

―――. *Science of Coercion: Communication Research and Psychological Warfare, 1945-1960*. New York: Oxford University Press, 1994.

―――, ed. *Universities and Empire: Money and Politics in the Social Sciences during the Cold War*. New York: New Press, 1998.

Smith, Bradley F. *The Shadow Warriors: OSS and the Origins of the CIA*. New York: Basic Books, Inc., 1983.

Solovey, Mark and Hamilton Cravens, eds. *Cold War Social Science: Knowledge Production, Liberal Democracy, and Human Nature*. New York: Palgrave Macmillan, 2012.

Winks, Robin W. *Clock & Gown: Scholars in the Secret War, 1939-1961*. New York: Morrow, 1987.

Zunz, Olivier. *Why the American Century?* Chicago: University of Chicago Press, 1998. 邦訳、有賀貞・西崎文子訳『アメリカの世紀――それはいかにして創られたか?』刀水書房、2005年。

(2) 日本語書籍

アンダーソン、R. D.(安原義仁監訳)『近代ヨーロッパ大学史――啓蒙期から1914年まで』昭和堂、2010年。

安藤次男『アメリカ自由主義とニューディール――1940年代におけるリベラル派の分裂と再編』法律文化社、1990年。

ウォーラーステイン、イマニュエル(公文俊平訳)『大学闘争の戦略と戦術』日本評論社、1969年。

―――(川北稔訳)『近代世界システムⅣ――中道自由主義の勝利 1789-1919』名古屋大学出版会、2013年。

梅根悟監修、世界教育史研究会編『世界教育史体系27――大学史Ⅱ』講談社、1974年。

江原武一『現代アメリカの大学――ポスト大衆化をめざして』玉川大学出版部、1994年。

大野直樹『冷戦下CIAのインテリジェンス――トルーマン政権の戦略策定過程』ミネルヴァ書房、2012年。

紀平英作『パクス・アメリカーナへの道―胎動する戦後世界秩序』山川出版社、1996年。
―――『歴史としての「アメリカの世紀」』岩波書店、2010年。
黒川修司『赤狩り時代の米国大学―遅すぎた名誉回復』中央公論社、1994年。
高城和義『パーソンズとアメリカ知識社会』岩波書店、1993年。
中野耕太郎『20世紀アメリカ国民秩序の形成』名古屋大学出版会、2015年。
中山茂『大学とアメリカ社会―日本人の視点から』朝日新聞社、1994年。
肥後本芳男・山澄亨・小野沢透編『アメリカ史のフロンティアⅡ―現代アメリカの政治文化と世界　20世紀初頭から現代まで』昭和堂、2010年。
広田照幸・石川健治・橋本伸也・山口二郎『学問の自由と大学の危機（岩波ブックレット No. 938）』岩波書店、2016年。
ヒューズ、スチュアート（生松敬三・荒川幾男訳）『意識と社会―ヨーロッパ社会思想　1890-1930』みすず書房、1970年
前川玲子『亡命知識人たちのアメリカ』世界思想社、2014年。

(3)　英語論文

Baber, Zaheer. "Modernization Theory And The Cold War." *Journal of Contemporary Asia* vol. 31, no. 1 (January 2001).

Biddle, Tami Davis, "Handling the Soviet Threat: 'Project Control' and the Debate on American Strategy in the Early Cold War Years." *Journal of Strategic Studies* vol. 1, no. 1 (May 1978).

Bonnell, Victoria E., and George W. Breslauer. "Soviet and Post-Soviet Area Studies." In *The Politics of Knowledge: Area Studies and the Disciplines*, edited by David Szanton. California: University of California Press, 2004.

Cumings, Bruce. "Boundary Displacement: Area Studies and International Studies During and After the Cold War." In *Universities and Empire: Money and Politics in the Social Sciences During the Cold War*, edited by Christopher Simpson. New York: The New Press, 1998.

Engerman, David C. "New Society, New Scholarship: Soviet Studies Programmes in Interwar America" *Minerva* vol. 37, no. 1 (March 1999).

―――. "Rethinking Cold War Universities: Some Recent Histories." *Journal of Cold War Studies* vol. 5, no. 3 (Summer 2003).

―――. "The Ironies of Iron Curtain: The Cold War and the Rise of Russian Studies in the United States." *Cahiers du Monde russe* 45/3-4 (Juillet-Decembre 2004).

―――. "Know Your Enemy: American Sovietology and the Making of the Cold War" *Research Reports from the Rockefeller Archive Center* (Winter 2004/2005).

―――. "The Rise and Fall of Wartime Social Science: Harvard's Refugee Interview Project,

1950-1954.'' In *Cold War Social Science: Knowledge Production, Liberal Democracy, and Human Nature*, edited by Mark Solovey and Hamilton Cravens. New York: Palgrave Macmillan, 2012.

Geiger, Roger L. "American Foundations and Academic Social Science, 1945-1960." *Minerva* no. 26, vol. 3 (September 1988).

Mosely, Philip. "The Growth of Russian Studies." In *American Research on Russia*, edited by Harold H. Fisher. Bloomington: Indiana University Press, 1959.

Needell, Allan A. "'Truth Is Our Weapon': Project TROY, Political Warfare, and Government-Academic Relations in the National Security State." *Diplomatic History* vol. 17, no. 3 (July 1993).

―――. "Project Troy and the Cold War Annexation of Social Sciences." In *Universities and Empire: Money and Politics in the Social Sciences During the Cold War*, edited by Christopher Simpson. New York: The New Press, 1998.

Simpson, Christopher. "U. S. Mass Communication Research and Counterinsurgency after 1945: An Investigation of Construction of Scientific 'Reality'." In *Ruthless Criticism: New Perspectives in U. S. Communucation History*, edited by William S. Solomon and Robert W. McChesney. Minneapolis: University of Minnesota Press, 1993.

Spencer, Katherine. "Appendix D: The Development of the Research Methods of the Foreign Morale Analysis Division." (November 30, 1945) In *Human Relations in a Changing World: Observations on the Use of the Social Sciences*, by Alexander H. Leighton. New York: E. P. Dutton, 1949.

Thelin, John R. "Supplemental Bibliography." In *The American College and University: A History*, by Frederick Rudolph. Athens: University of Georgia Press, 1990. 邦訳、阿部美哉・阿部温子訳「文献補遺」フレデリック・ルドルフ『アメリカ大学史』玉川大学出版部、2003年。

Wiener, John. "Talcott Parsons: Bringing Nazi Sympathizers to the U. S." *The Nation* (March 6, 1989).

（4） 未刊行論文

Dessants, Betty Abrahamsen. "The American Academic Community and United States-Soviet Union Relations: The Research and Analysis Branch and Its Legacy, 1941-1947" (PhD diss., University of California at Berkeley, 1995).

O'Connell, Charles Thomas. "Social Structure and Science: Soviet Studies at Harvard" (PhD diss., University of California at Los Angeles, 1990).

（5） 日本語論文

生井英考「『アメリカ文化』のダイナミズム」渡辺靖編『現代アメリカ』有斐閣、2010年。

大野直樹「CIA の設立」中西輝政・小谷賢編『インテリジェンスの20世紀―情報史から見た国際政治』千倉書房、2007年。

小野沢透「パフラヴィ朝イランと合衆国　1953〜63年」紀平英作編『アメリカ民主主義の過去と現在―歴史からの視点』ミネルヴァ書房、2008年。

紀平英作「挫折した『戦後平和』への期待」紀平英作編『帝国と市民―苦悩するアメリカ民主政』山川出版社、2003年。

―――「西ドイツ成立への道―アメリカの対ドイツ占領政策に沿って」紀平英作編『ヨーロッパ統合の理念と軌跡』京都大学学術出版会、2004年。

島田真杉「戦後秩序の中の豊かさと消費―復員兵・自動車労働者・48年選挙」『アメリカ史評論』第11号、1993年。

―――「50年代の消費ブームとそのルーツ」常松洋・松本悠子編『消費とアメリカ社会―消費大国の社会史』山川出版社、2005年。

竹内俊隆「コラム―行政府」松田武編著『現代アメリカの外交―歴史的展開と地域との諸関係』ミネルヴァ書房、2005年。

中野博文「1941年ソヴィエト援助決定と戦時体制設立期の合衆国の政治構造」『アメリカ研究』第25号、1991年。

橋本伸也「歴史のなかの教育と社会―教育社会史研究の到達と課題」『歴史学研究』第830号、2007年。

―――「大学とはなにか―近代ヨーロッパ大学史からの応答？」『現代思想（特集：大学の終焉―人文学の消滅）』vol. 43-17、青土社、2015年。

宮沢康人「アメリカ教育史像の再構成に向って―60年代・70年代アメリカの教育史研究」『東京大学教育学部紀要』第14巻、1974年。

油井大三郎・木村靖二「現代世界のなかの西洋」近藤和彦編『西洋の歴史』山川出版社、1999年。

（6） ウェブサイト

Massachusetts Institute of Technology. "Origins of the Center"（http://web.mit.edu/cis/pdf/Panel_ORIGINS.pdf.）
東京新聞 TOKYO WEB
朝日新聞 DIGITAL

事項索引

あ

MITの国際問題研究センター（MITCIS）……38,
103, 121, 122, 123, 124, 125, 128, 129, 130, 141, 146

か

カーネギー財団………………………………47, 59, 72
下院非米活動委員会（HUAC）………22, 88, 89, 90
国家安全保障法………………………………80, 117
コロンビア大学ロシア研究所……42, 46, 59, 120,
124, 126, 138, 140, 144

さ

情報調整局（COI）……………………………17, 18
人材開発研究所……………………66, 68, 80, 91, 96, 140
戦時情報局（OWI）………………………52, 78, 80, 120
戦略情報局（OSS）……17, 26, 28, 39, 40, 41, 42, 46,
47, 51, 55, 65, 82, 120, 128
ソ連研究部門（USSR Division）…17, 26, 28, 29, 30,
31, 39, 40, 46, 47, 55, 65
『ソ連の市民』…………………93, 94, 95, 96, 141, 143, 144
「ソ連の脆弱性」……………………92, 93, 94, 95, 142
『ソ連の制度』………………………68, 92, 93, 94, 95, 142

た

中央情報局（CIA）……38, 42, 50, 51, 72, 74, 77, 88,
96, 116, 117, 118, 120, 129, 139
トロイ計画…37, 51, 54, 56, 57, 58, 59, 86, 103, 105,
113, 114
トロイ計画終了後………………………………104

な

難民聞き取り計画（RIP）……65, 66, 67, 81, 83, 84,
85, 86, 87, 89, 90, 96, 122, 138, 140, 145

は

ハーヴァード大学ロシア研究センター……50, 51,
54, 58, 59, 65, 69, 72, 75, 78, 81, 82, 83,
85, 92, 96, 115, 120, 138, 140, 145
フォード財団……………………………122, 128, 145, 146

ま

ミュンヘン・ソ連歴史文化研究所…………77, 87

や

ヤルタ会談………………………………………32, 116

ら・わ

『ライフ』………………………………………4, 28, 52
連邦捜査局（FBI）………………1, 22, 49, 50, 51, 88
ロシア研究所……………………………42, 43, 44, 45, 47, 139
ロックフェラー財団………………43, 44, 46, 59, 138

人名索引

ア

アチソン、ディーン……………29, 52, 116
インケルス、アレックス……42, 69, 85, 86, 93, 94,
　　95, 120, 140, 142, 143
ウェッブ、ジェイムズ………………53, 113
ウォーラーステイン、イマニュエル……10, 11
ウォーレス、ヘンリー・A………………82
エンガマン、デーヴィッド………7, 9, 11, 12, 38, 67,
　　92, 104, 126, 137

カ

ガードナー、ジョン……………45, 49, 50, 72
カトラー、ロバート…………………90, 125
キリアン、ジェイムズ……53, 55, 57, 113, 117, 118,
　　123, 124
クラックホーン、クライド……49, 50, 54, 69, 70, 75,
　　77, 78, 79, 81, 83, 85, 86, 91, 92, 120, 123
ケナン、ジョージ……………41, 72, 79, 118
コナント、ジェイムズ………………19, 58, 82, 90, 119

サ

ザンズ、オリヴィエ……………6, 33, 137, 147
シモンズ、アーネスト…………………43, 81
ストラットン、ジュリアス…………106, 113, 123
スリーパー、レイモンド…………78, 79, 81, 87

タ

ダニエルズ、ロバート………………120, 127, 128
ダレス、アレン………………………46, 117, 120
ダレス、ジョン・フォスター……………49, 117
ドノヴァン、ウィリアム………………18, 22, 118
ドラード、チャールズ…………………49, 72
トルーマン、ハリー・S……40, 52, 115, 116, 125

ナ・ハ

バーカード、ジョン………………55, 107
パーソンズ、タルコット……48, 49, 58, 66, 69, 70,
　　72, 75, 79, 83
バーリナー、ジョセフ…………………83, 87
バウワー、レイモンド・A……74, 84, 85, 88, 93, 94,
　　95, 120, 141, 142, 143
橋本伸也………………………………10
バック、ポール…………………………54, 76
ヒューズ、H・スチュアート……38, 58, 82, 115
ベルクソン、エイブラム……22, 29, 42, 43, 46, 139,
　　140
ボワーズ、レイモンド・V…………66, 80, 81, 91

マ・ヤ

マッカイ、ドナルド……………42, 49, 51, 73
ミリカン、マックス……………103, 114, 121
ムーア、バリントン……………42, 82, 83, 120
メイソン、エドワード…………………24, 69
モーズリー、フィリップ……43, 120, 124, 126, 139,
　　140
モリソン、ジョン…………20, 22, 41, 55, 58

ラ・ワ

ラーナー、ダニエル…………………103, 124
ランガー、ウィリアム…………21, 25, 41, 45
ローズヴェルト、フランクリン・D……18, 116,
　　125
ロストウ、ウォルト・ホイットマン……103, 114,
　　118, 125, 126, 128, 141
ロビンソン、ジェロイド……19, 22, 28, 30, 40, 43,
　　46, 82, 114

【著者紹介】

藤岡 真樹(ふじおか まさき)　京都大学国際高等教育院非常勤講師

1979年生まれ
大阪大学文学部人文学科卒業（西洋史学専修）
京都大学大学院人間・環境学研究科博士後期課程修了、博士（人間・環境学）

〔主要業績〕
「第二次大戦期の戦時機関におけるソ連研究の形成と変容」（肥後本芳男・山澄亨・小野沢透編『アメリカ史のフロンティアⅡ―現代アメリカの政治文化と世界』昭和堂、2010年）
「冷戦初期のアメリカ合衆国の大学におけるソ連研究の諸相―ハーヴァード大学難民聞き取り計画と学知の「停滞」」（『史林』第99巻第3号、2016年）
『アメリカは戦争をこう記憶する』（共訳／G. カート・ピーラー著、松籟社、2013年）

Horitsu Bunka Sha

アメリカの大学におけるソ連研究の編制過程

2017年2月10日　初版第1刷発行

著　者　　藤　岡　真　樹
発行者　　田　靡　純　子
発行所　　株式会社　法律文化社

〒603-8053
京都市北区上賀茂岩ヶ垣内町71
電話 075(791)7131　FAX 075(721)8400
http://www.hou-bun.com/

＊乱丁など不良本がありましたら、ご連絡ください。
　お取り替えいたします。

印刷：㈱富山房インターナショナル／製本：㈱藤沢製本
装幀：前田俊平
ISBN 978-4-589-03814-2
©2017 Masaki Fujioka Printed in Japan

JCOPY　〈(社)出版者著作権管理機構 委託出版物〉

本書の無断複写は著作権法上での例外を除き禁じられています。複写される場合は、そのつど事前に、(社)出版者著作権管理機構（電話 03-3513-6969、FAX 03-3513-6979、e-mail: info@jcopy.or.jp）の許諾を得てください。

南川文里著
アメリカ多文化社会論
――「多からなる一」の系譜と現在――
Ａ５判・228頁・2800円

「多からなる一」というアメリカを支える理念が、様々な困難や葛藤を抱えつつ市民的編入の実現や人々の実践、制度構築などの歴史的展開の中で、どのように具現化されてきたのか包括的に考察。日本の多文化共生社会の構想への示唆に富む。

清水 聡著
東ドイツと「冷戦の起源」1949～1955年
Ａ５判・262頁・4600円

ドイツ統一から25年。冷戦後の新史料と欧米の先端研究をふまえ、東西ドイツの成立と冷戦秩序の確立に関わる歴史的起源に迫る。「ドイツからの冷戦」論に立脚し、時間軸（ドイツ史）と空間軸のなかで欧米諸国の外交政策を検証。

竹本真希子著
ドイツの平和主義と平和運動
――ヴァイマル共和国期から1980年代まで――
Ａ５判・258頁・5300円

ヴァイマル知識人のフォーラムであった『ヴェルトビューネ』と『ターゲ・ブーフ』の記事分析を通して20世紀ドイツの平和主義と平和運動史を歴史的に位置づけ、「平和」や「平和運動」とは何かを根源的に問う。

今井宏昌著
暴力の経験史
――第一次世界大戦後の義勇軍経験1918-1923――
Ａ５判・322頁・6400円

暴力の経験は「（政治の）野蛮化」にどのような影響を及ぼすのか。義勇軍という同じ経験をもちながら、その後はナチ、共和派、コミュニストと別々の政治的立場を歩んだ3名（を検討対象に、彼ら）の経験がもつ歴史的意味を問う。

藤本 博著
ヴェトナム戦争研究
――「アメリカの戦争」の実相と戦争の克服――
Ａ５判・364頁・6800円

ヴェトナム戦争によって多くの民衆が犠牲となった。米国による「戦争犯罪」であると告発され、裁かれた経緯を克明に分析し、ヴェトナム戦争の加害と被害の実相に迫る。戦争の記憶と向き合い、戦争の克服への方途を探る。

池上大祐著
アメリカの太平洋戦略と国際信託統治
――米国務省の戦後構想 1942～1947――
Ａ５判・184頁・3700円

アメリカ植民地主義の歴史を対太平洋地域政策の観点から考察。1940年代の国務省が、基地の確保という軍事戦略と反植民地主義的姿勢を「国際信託統治」という概念で積極的に結びつけようとしてきた過程を明らかにする。

――法律文化社――

表示価格は本体（税別）価格です